Peter Lauster
Ausbruch zur inneren Freiheit

Peter Lauster

Ausbruch zur inneren Freiheit

Mut, eigene Wege zu gehen

ECON

Umschlagillustration: Peter Lauster

Die Deutsche Bibliothek – CIP-Einheitsaufnahme

Lauster, Peter: Ausbruch zur inneren Freiheit:
Mut, eigene Wege zu gehen / Peter Lauster. – Düsseldorf: ECON, 1995
ISBN 3-430-15924-5

Lektorat: H. Dieter Wirtz, Mönchengladbach
Gesetzt aus der Garamond, Linotype
Satz: Heinrich Fanslau GmbH, Düsseldorf
Papier: Papierfabrik Schleipen GmbH, Bad Dürkheim
Druck und Bindearbeiten: Mohndruck, Gütersloh
Printed in Germany
ISBN 3-430-15924-5

»Unsere Taten müssen vor allem
ein Ausdruck der Freiheit sein,
sonst gleichen wir Rädern,
die sich drehen, weil sie
von außen dazu gezwungen werden.«

Rabindranath Tagore

Inhalt

Vorwort 11

Erster Teil
Sich selbst verstehen 13

1. Wie erfahre ich, wer ich wirklich bin? 15
2. Was ist der Unterschied zwischen Eitelkeit
   und Narzißmus? 19
3. Gibt es gesunden und kranken Ehrgeiz? 23
4. Wie eng hängen Ehrgeiz und Aggressionen
   zusammen? 27
5. Ist Aggression ein üblicher Verhaltensstil? 31
6. Ist Aggression der Kampf ums Überleben? . . . 35
7. Warum wird Aggression meist getarnt? 39
8. Ist Neid eine Sonderform der Aggression? . . . 43
9. Kann man von Aggressionen frei werden? 49

Zweiter Teil
Im Licht der Freiheit 55

10. Hat Freiheit etwas mit dem Selbstwertgefühl
    zu tun, und warum entsteht dabei auch Angst? . 57

11. Hat seelische Freiheit etwas mit Offenheit
    der Sinne zu tun? 61
12. Hat Freiheit etwas mit Offenheit des Geistes
    oder der Rationalität zu tun? 67
13. Liegt Freiheit jenseits von Intelligenz,
    Kreativität und Emotion? 73
14. Wie kann ich mich von Denkmustern
    befreien? 79
15. Freiheit führt zur Unangepaßtheit. Ist
    Anpassung aber notwendig, um zu überleben? . 83
16. Ist Kunst der Freiheitsraum, der uns erlöst? . . . 87
17. Macht Kitsch die Seele frei? 93
18. Warum wird das Wissen um die Freiheit der
    Psyche nicht in die richtigen Bahnen gelenkt? . . 99

Dritter Teil
Macht uns die Liebe frei? 105

19. Was verstehen wir unter Liebe? 107
20. Welche Rolle spielt die Sexualität in der Liebe? . 111
21. Ist unerfüllte Sexualität ein Problem? 115
22. Kann ein Mensch alle Sehnsüchte abdecken? . . 119
23. Warum ist loslassen so schwer? 125

Vierter Teil
Sind die Guten schwach und die Bösen stark? 131

24. Ist das Gute Schwäche und das Böse Stärke? . . 133
25. Warum setzt sich das Böse durch? 137
26. Ist das Gute nur ein Trick, um nicht attackiert
    zu werden? 147
27. Ist das Böse erfolgreicher? 151
28. Ist das Böse erotisch anziehender? 155

29. Was ist das Böse? 161
30. Warum ist das Gute so wenig attraktiv? 165
31. Warum gefällt uns die Verbindung Freiheit
    und Liebe nicht? 169
32. Macht Liebe frei? 175
33. Wie mache ich mich frei? 179

Epilog
Schicke uns einen Adler 185

Anhang

Gedankenaustausch 193
Wenn Sie sich für andere engagieren wollen 195
Resonanzbogen 199

Vorwort

In diesem Buch schreibe ich über viele menschliche Eigenschaften, die uns selbst und unseren Mitmenschen zu schaffen machen. Es geht um Eitelkeit und Ehrgeiz, um Aggression, Neid und Liebe, um Freiheit und Angst. Eine wichtige Rolle spielt dabei, wie wir diese Eigenschaften bewerten. Ich möchte Wege zu einem freiheitlichen Bewußtsein und Denken aufzeigen; dabei müssen traditionelle Denkmuster über Bord geworfen werden. Wir sehnen uns alle nach mehr Freiheit, und dennoch ist sie sehr schwer zu realisieren, denn es handelt sich dann um eine geistige Revolution. Die Liebe spielt dabei eine große Rolle, denn hier verfangen wir uns oft in einem Netz von Irritation und Abhängigkeiten. Es ist die Fähigkeit notwendig, loslassen zu können, aber dagegen entwickeln wir große innere Widerstände.

Wir wollen stark sein und lehnen Schwäche bei uns selbst und anderen ab. Das Thema Stärke und Schwäche spielt deshalb in unserem Umgang mit anderen eine große Rolle. Stärke versucht man zwar vorzutäuschen, aber das bedeutet eine große Kraftanstrengung. Erst eine neue Einstellung zur Schwäche macht uns wirklich stark. Eigene Wege zu gehen, also individuell und authentisch zu leben, das heißt, sich von Normen und Spielregeln der Gesellschaft wirklich loszulösen. Dabei entstehen Ängste. Freiheit ist nicht leicht

zu haben, denn wir müssen durch diese Ängste und Anfein-
dungen der Mitmenschen (aufgrund ihrer Ängste) hin-
durch.

Ich möchte Ihnen natürlich keine Angst machen, bevor
Sie überhaupt zu lesen begonnen haben. Schon alleine ein
Buch mit diesem Titel zu kaufen und damit zu beginnen, es
zu lesen, zeigt, daß Sie sich Gedanken machen wollen, die
über Traditionelles und Konformistisches hinausgehen. Wir
wollen gemeinsam erforschen, wie man auf diesen Weg
gelangt und was Freiheit für uns bedeutet.

Köln, im Mai 1995
Peter Lauster

Erster Teil

Sich selbst verstehen

»Wir werden als Joker im Patiencespiel des Lebens geboren. Aber wenn wir heranwachsen, werden wir zu Herz und Karo, Kreuz und Pik. Das heißt nicht, daß der Joker ganz verschwindet.«

JOSTEIN GAARDER

1.
Wie erfahre ich,
wer ich wirklich bin?

Die Frage: »Wer bin ich?« ist eine der wichtigsten Fragen, die der Mensch sich stellt. Wenn du ernsthaft lebst, begleitet dich diese Frage durch dein ganzes Leben. Sie stellt sich dir besonders deutlich in der Pubertät, in dieser hochsensiblen Lebensphase, in der wir uns selbst finden wollen im Vergleich zu anderen. In der Pubertät will der einzelne außerdem erkunden, welche Rolle er einnimmt im Vergleich zu Gleichaltrigen und Erwachsenen. Die Pubertät ist ein Erwachen: Du siehst dich selbst und die Mitmenschen mit neuen Augen, hervorgerufen durch die körperlichen Veränderungen während der Geschlechtsreife. Dem Jungen wird plötzlich bewußt, daß er ein männliches Wesen ist, dem Mädchen, daß es zur Frau wird.

Die Suche nach Antworten darauf, wer ich bin, hält über die Pubertät hinaus an. Allerdings kommt die turbulente Krise der Selbstfindung zwischen siebzehn und einundzwanzig etwas zur Ruhe. In diese Zeit fallen Abitur und Studienwahl oder die praktische Berufsausbildung. Viele definieren sich dann über ihre Ausbildung und ihre Berufswahl.

Die Pubertät ist im Leben nicht die einzige Zeit, die von einer Selbstfindungskrise geprägt ist. Es folgen noch viele weitere Krisen, die durch äußere Ereignisse angestoßen werden, so etwa durch das Zerbrechen einer Liebe und durch Liebeskummer, durch berufliche Mißerfolge, durch Krankheit – oder auch durch Lügen, durch Intrigen, die von Mitmenschen und Freunden ausgehen.

Kein Leben verläuft erfolgreich und glatt. Es werden dir Grenzen aufgezeigt und deiner Entfaltung Riegel vorgeschoben. Doch jede dieser Krisen hält die Chance bereit, dir die Frage: »Wer bin ich?« erneut zu stellen. Schließlich bist du ein besonderes Individuum, und die anderen sind das gleichfalls.

Viele glauben, durch Anpassung der Individualität ausweichen zu können. Ist Anpassung an die Normen von anderen aber die Lösung? Bitte stelle dir folgende Frage selbst: »Kann ich durch Anpassung an ein Persönlichkeitsbild, das mir andere empfehlen, oktroyieren wollen oder vorleben, mein Problem lösen?« Wohl kaum. Ständig bist du den Wertungen der anderen ausgesetzt, die ›beurteilen‹, ob du dieses gut und richtig gesagt oder gemacht hast und jenes falsch. In der Mathematik gibt es solch ein Richtig und Falsch, doch im Bereich der Persönlichkeitsentwicklung und Individuation gibt es dieses Richtig und Falsch nicht, auch kein Gut und Schlecht. Was ist überhaupt objektiv gut, was schlecht?

Hermann Hesse sagt: »Meine Aufgabe ist es nicht, anderen das objektiv Beste zu geben, sondern das Meine so rein und aufrichtig wie möglich.«

Du brauchst nicht das objektiv Beste geben, denn wer kann schon bestimmen, was das ist? Wenn du das deine so rein und aufrichtig wie möglich gibst, dann ist das das Beste, was du geben kannst. Es kommt also darauf an, daß du authentisch bist. Dieser Vorgang des Authentisch-Werdens, das ist der Reifeprozeß des Erwachsen-Werdens. Mehr und mehr authentisch zu sein, der werden, der du innerlich bist, also das, was du fühlst, aufrichtig zu erkennen und umzusetzen: das ist der Weg der Selbstwerdung. Es geht darum, keine Kopie zu sein, sondern ein Original. Denn: Durch die Einflüsse der Umwelt besteht die Gefahr, daß du zu einer Kopie wirst, zu einem Abklatsch der Regeln, Richtlinien, Normen und Vorstellungen davon, wie du sein solltest. Es geht aber darum, daß du, gegen alle diese Fremdbestimmungen, herausfindest, wie und wer du wirklich bist.

Die Einflüsse der Fremdbestimmung sind gewaltig und verlockend. Deshalb bedarf es immer wieder der Konflikte und Krisen, damit du wach wirst und nein sagst. Fremdbestimmung ist Manipulation. Du wirst manipuliert von den Eltern und Lehrern, den Bekannten, Freunden und Partnern, den Kollegen und Chefs. Diese Einflüsse haben eine enorme Wirkung, denn wenn man es den anderen recht macht, dann hat man seine bequemliche Ruhe: Sie hören auf zu kritisieren und zu nörgeln, und du fühlst dich sicherer und geborgener.

Die Sicherheit und Geborgenheit der Anpassung ist jedoch nur ein Scheinfrieden. In ihm kommt deine eigene Wahrheit nie ganz zur Ruhe, da du dich nur angepaßt hast. Du wirst deshalb vielleicht sogar gelobt, aber in dir ist noch etwas anderes, sind deine aufrichtigen Gefühle und die Gedanken, die daraus entstehen.

Die Anpassung durch Manipulation kannst du nur eine gewisse Zeit durchhalten. Wenn sich ein Freund von dir abwendet, wenn du deinen Job verlierst, wenn eine Liebesbeziehung zerbricht, dann wirst du innerlich aufgewühlt, wirst wachgerüttelt, denn es muß gehandelt werden. Das Leben stellt dich vor eine schwierige Anforderung – und vor ihr stehst du allein. Du kannst natürlich jemand anderen fragen, wie er an deiner Stelle handeln würde – aber kann er dir eine sinnvolle Antwort geben? Ist er nicht selbst manipuliert und dadurch abhängig von fremdbestimmten Vorurteilen, Meinungen und Einstellungen? Ein angepaßter Mensch kann dir nur einen Rat der Anpassung geben.

Brauchst du aber nicht gerade jetzt, in dieser Konfliktkrise, einen freien Rat, eine individuelle Lösung, einen dir gemäßen Gedanken?

In diesem Moment wird dir bewußt, daß es darum geht, wer du bist. Jede Krise birgt die Chance, dir selbst näherzukommen, zur Selbstbestimmung zu gelangen, authentisch zu fühlen, zu denken und zu entscheiden. Jede Krise sollte deshalb, so leidvoll und schmerzhaft sie zweifellos ist, als ein Wachstumsprozeß zur Reifung gesehen werden. Du erhältst die Chance, wieder ein Stück mehr über dich selbst zu erfahren.

Wenn alles glattgeht, dann funktionierst du zwar reibungslos, aber es verändert sich nichts in dir. Es bedarf daher gerade der Krisen, der Widerstände und der Reibungen, damit du lernen kannst, welche Möglichkeiten in dir stecken.

Glück und Erfolg zu haben ist einfach. Das wünscht sich jeder, weil dann scheinbar alles in bester Ordnung ist. Jedoch: Schwierigkeiten zu begegnen ist ein wahres Glück für Entwicklung und Selbsterfahrung. Nur Schwierigkeiten, Konflikte und Reibungen machen dich wach und führen dich zu dir selbst. Begrüße deshalb Schwierigkeiten, und meide das Einfache. Das Einfache bringt dich nicht zu dir selbst; es schläfert dich ein, und zwar bis zu der Stunde, in der du schockartig dem Neuen begegnest. Nur das Neue vitalisiert und führt dich zu dir selbst; das Alte schläfert dich ein und schwächt deine Energie.

2.
Was ist der Unterschied zwischen Eitelkeit und Narzißmus?

Eitelkeit bezieht sich nicht etwa allein auf das Aussehen, auf die Kleidung, sondern auf alle Merkmale eines Menschen, beispielsweise auf die Intelligenz, die Kreativität, auf das soziale oder politische Engagement, den beruflichen Erfolg, auf die Partnerschaft, die Kinder, den Freundeskreis. Es ist also durchaus denkbar, daß du auf deine Kleidung keinerlei Wert legst, aber stolz bist auf dein Wissen im Bereich der Astronomie. Es ist auch denkbar, daß dir eigene Statussymbole ziemlich gleichgültig sind, aber daß dir deine Kunstsammlung mit Radierungen aus den zwanziger Jahren sehr viel bedeutet. Alles Besondere, an das du dein Herz hängst, das dich über deine Mitmenschen hinaushebt, macht dich unter diesem Aspekt eitel.

Den Narzißmus davon abzugrenzen ist einfach, bezieht sich doch diese Form der Eitelkeit auf das äußere Erscheinungsbild, auf deine Schönheit, die ästhetische Nase, den Gesichtsschnitt, das lockige blonde oder schwarze Haar. Es gibt also viele eitle Menschen, die durchaus keine Narzißten sind. Der Narzißmus ist nur ein Teilbereich der Eitelkeit. Die Eitelkeit ist deshalb das psychologische Thema, das für dich und für uns alle von großer Bedeutung ist.

Eitelkeit ist, gleichgültig, auf welchem Gebiet sie sich zeigt, ein großes Problem, denn du bist abhängig davon (was den meisten gar nicht bewußt ist). Abhängigkeit ist eine Schwäche, keine Stärke, denn Abhängigkeit impliziert, daß du nicht frei bist. Von Laotse habe ich den folgenden Satz sinngemäß im Gedächtnis: »Wenn du selbst leuchten willst, kannst du nicht erleuchtet werden.«

Es ist gleichgültig, womit du glänzen willst, doch sobald du es willst, begibst du dich in Abhängigkeit und Verletzbarkeit. Ich habe beobachtet, daß der Punkt, auf den sich die Eitelkeit eines Menschen bezieht, der Punkt also, der ihm wichtig ist für seine Bedeutung und der ihm Egostärke vermitteln soll, genau der Punkt ist, der ihn verletzbar macht und schwächt. Deshalb sei auf nichts stolz, und sei in keinem Punkt eitel.

Ich weiß, Eitelkeit ist weitverbreitet, aber das macht sie nicht besser. Wir besprechen hier einen sehr wichtigen und elementaren psychologischen Aspekt des Menschseins und nähern uns ihm von verschiedenen Seiten. Eitelkeit bedeutet, stolz zu sein auf eine Eigenschaft, eine Fähigkeit, einen materiellen Besitz, also auf etwas, das man geschenkt bekommen oder durch viel Training und persönlichen Einsatz errungen hat. Ich hänge an dem, was ich habe, mein Herz ist damit verbunden, ja, mein Sein ist davon abhängig. Du willst glänzen durch deine Intelligenz, deinen geschäftlichen Erfolg, dein Erscheinungsbild vor anderen, durch deine Ideen, deine schöne Wohnung, deine Familie und deine Kinder, die wiederum etwas Hervorragendes an sich haben müssen, zum Beispiel gutes Aussehen oder gewinnenden Charme, oder etwas Hervorragendes geleistet haben müssen, zum Beispiel in der Schule, während des Studiums oder beim Sport.

Spürst du, wie dich das alles abhängig macht, dich gegenüber anderen Menschen profilieren zu müssen? Eitelkeit ist Profilierungssucht. Und warum will man sich profilieren? Weil man sich selbst nicht genug ist, weil das eigene Ego schwach erscheint ohne diese weitere Profilierung und weil es sich stärkt durch dieses Etwas, das hinzukommt. Warum soll aber etwas hinzukommen? Warum bist du dir – so, wie du bist – nicht selbst genug? Vielleicht, weil wir in einem System der ständigen Aufwertung und Abwertung leben? Weil wir umgeben sind von Kritik, Klatsch und Tratsch, von Bewunderung und Ablehnung, von Anerkennung und Aberkennung – und uns davon nicht lösen können?

Solange du selbst leuchten willst, um auf diese Weise Anerkennung zu erhalten, so lange kannst du nicht erleuchtet werden. Was ist nun der Unterschied zwischen glänzen und erleuchtet sein?

Wenn du nicht mehr glänzen willst, auf keinem Gebiet etwas Besonderes sein willst, also jede Eitelkeit verloren hast, dann bist du erleuchtet. Die Weisheit der Erleuchtung liegt in dieser Erkenntnis und im Gewinn von Freiheit. Wenn dein Ego nichts benötigt, um gestärkt zu werden, dann ist es stark. Wenn dein Ego von keinem Werturteil anderer mehr geschwächt werden kann, dann bleibt es stark. Es wird dir dann bewußt, daß die anderen dich nur aufgrund ihrer eigenen Schwächeproblematik auf- oder abwerten. Wenn sie neidisch auf dich sind, dann sind sie neidisch aufgrund ihrer eigenen Eitelkeitsschwäche. Wenn sie dich loben und hofieren, dann wollen sie von deinem Glanz profitieren. Also ist das Beachten der Meinung der anderen eine trügerische Sache. Wenn du diese Zusammenhänge erkennst, dann wirst du erleuchtet sein, auch wenn diese Erleuchtung niemand erkennt.

Du kannst erleuchtet sein, also ein wahres und freies Ego besitzen, aber keiner erkennt es. Du bist innerlich glücklich, aber keiner wertet dieses Glück. Da du nicht eitel bist, wird es dich nicht berühren, wenn deine Erleuchtung keiner sieht. Der ›Erleuchtete‹ hingegen, der seine Erleuchtung zum Image machen will, der ist eitel, also nicht erleuchtet.

Nicht Narzißmus ist das große Problem, nicht die weitergehende Eitelkeit. Es geht darum, nicht eitel zu sein –

und gerade darauf nicht stolz zu sein. Es geht dabei nur um das eine: Freiheit von Abhängigkeit und Freiheit davon, darüber nicht pfauenhaft-stolz zu sein, denn sonst wäre Freiheit nur eine eitle Provokation. Deshalb kannst du nur selbst erfahren, was es bedeutet, diese Freiheit zu erlangen. Würde dich jemand auf diese Freiheit hintrainieren, wäre wieder Eitelkeit des Lehrers und Eitelkeit des Schülers (es erreicht zu haben) damit verbunden – und es würde ein Schatten auf diesen wichtigen psychischen Vorgang fallen.

3.
Gibt es gesunden und kranken Ehrgeiz?

E hrgeiz bedeutet: Ich setze meine Energie dafür ein, etwas zu erreichen, ein Ziel zu erlangen. Ehrgeiz gilt als völlig ›normal‹ in einer Leistungsgesellschaft, denn jede Leistung, die erbracht werden soll, bedarf des Einsatzes von Energie. Ohne Aktivität, Energie, Fähigkeiten, Ideen, Intelligenz, Konzentration und so weiter ist Leistung nicht denkbar. Energie ist also nichts Negatives, ist sie doch die Kraft, die zur Handlung nötig ist.

Gibt es nun einen kranken und einen gesunden Ehrgeiz? Wenn du deinen Lebensunterhalt verdienen mußt, dann ist dieser Ehrgeiz, ist Antrieb oder Energieeinsatz notwendig. Wenn du als Sportler oder als Künstler Erfolge verbuchen willst, ist das verständlich. Doch wann geht die Lebensenergie der Aktivität über in einen krankhaften Ehrgeiz? Du hast die Vision von einem Ziel, und du möchtest es erreichen, du strebst danach mit großem innerem Verlangen. Und nun sind wir wieder beim Thema Eitelkeit: Wenn all deine Aktivität, die du einsetzt, um das angestrebte Ziel zu erreichen, damit verbunden ist, dein Ego zu stärken, dann bist du abhängig. Verlangen, Begierde und Ehrgeiz hängen hier eng zusammen. Sogar erotisches Verlangen, als Liebe getarnt, führt dich dazu, einen Menschen zu ›erobern‹, um dein Ego zu stärken.

Je stärker das Verlangen nach dem zu Erlangenden, desto

abhängiger bist du davon, deinen vermeintlichen Seelenfrieden durch dieses Verlangen zu erreichen. Der Ehrgeiz beginnt als natürliches Streben der Energie nach Entfaltung und Selbstverwirklichung, und er kann sich steigern zu einer Fixierung auf das Ziel, so daß du dein gesamtes Leben diesem Streben unterordnest, für nichts anderes mehr Zeit und Gedanken hast, nur noch auf die Erreichung des Zieles schaust, also jegliche Freiheit verlierst. Du wirst zum Sklaven deines Verlangens. Mit dieser Verengung wird dein Leben, wird deine Lebendigkeit ärmer anstatt reicher.

So beginnt der Weg in die Erkrankung. Du mußt Mißerfolge einstecken und erleidest Rückschläge. Das sind Momente, die dich zur Besinnung bringen könnten. Wenn du aber noch ehrgeiziger wirst und dein Verlangen sich um so mehr festigt, dann wird die Erfolgserwartung für dein Ego immer wichtiger, das heißt, daß du dich nur stark fühlst, wenn du dem Ziel näher kommst, und schwach, wenn sich das Ziel entfernt. Du empfindest den Wert deiner Person mehr und mehr damit verbunden, das Ziel zu erreichen. Das sind die Risikofaktoren, die dich psychosomatisch krank machen können. Hast du Erfolg, entspannst du dich und erkrankst nicht, hast du Mißerfolg, dann fühlst du dich depressiv, schläfst schlecht, bist reizbar, neigst zu Schweißausbrüchen, Herzjagen, Kopfschmerzen. Mißerfolg zu haben kränkt dich, macht also deinen Körper krank.

Die Ursachen für die Erkrankung liegen nicht in deinem Körper, sondern in den Bereichen Seele und Geist. Wenn du zum Arzt gehst, wird er die Funktionen der Organe diagnostizieren und nichts feststellen können. Solltest du etwa Herzjagen haben, so ist das nicht organisch begründet (von tatsächlichen Organschwächen jetzt einmal abgesehen), sondern hat seine Ursache im seelisch-geistigen Bereich. Das kann der Mediziner aber mit seinen Diagnosemethoden nicht feststellen. Also bist du, medizinisch gesehen, gesund. Dein fixiertes Verlangen aber verengt deine Lebendigkeit und führt auch in Zukunft zu Beschwerden, die sich organisch auswirken.

Die Definition einer Krankheit ist an die medizinische Diagnostik geknöpft. Extrem ehrgeizig zu sein ist aber keine Krankheit im medizinischen Sinne. Dieser Ehrgeiz macht zwar krank, aber der Mediziner kann Krankheit erst diagnostizieren, wenn sich bei seinen Methoden und Analysen ein konkreter Befund ergibt. Dann aber giltst du als körperlich erkrankt und erhältst Medikamente, welche die entsprechenden Organe beeinflussen. Daß die Ursache der Ehrgeiz ist, spielt dabei keine Rolle. Ehrgeiz ist im medizinischen Verständnis keine Krankheit. Natürlich sind auch Ichstärke oder Ichschwäche keine Krankheiten, ebensowenig wie das Verlangen nach Erfolg oder die Hoffnung auf die Erfüllung erotischer Träume in diesem Sinne keine Krankheiten sind.

Die Frage nach gesundem und krankem Ehrgeiz ist jedenfalls von großer Wichtigkeit, eröffnet sie doch das Verständnis für eine menschliche Problematik. Ehrgeizige Fixierung macht dich früher oder später auch körperlich krank. Die Krankheit beginnt ja in der Seele bzw. im Kopf. Deshalb ist für dich die beste Gesundheitsvorsorge diejenige, welche dich veranlaßt, deine Seele zu erkennen und dein Denken zu überprüfen. Es geht darum, dich selbst zu verstehen, das, was du willst, und vor allem, warum du es willst. Was steht dahinter? Warum hast du dieses oder jenes ehrgeizige Ziel? Was willst du damit für dich selbst erreichen? Also: Wer bin ich? Was treibt dich dazu an, dieses oder jenes zu tun? Ist es Eitelkeit, um dich über andere zu erheben? Ist es das Streben, Schwäche zu kompensieren? In diesem Zusammenhang solltest du dir einmal die Frage stellen: Was ist so schlimm daran, schwach zu sein – warum will ich stark sein und Stärke dokumentieren? Anscheinend ist diese Frage nicht sonderlich populär.

Es wird uns keine Alternative angeboten. Es gibt keinen Freiraum für Schwäche. Die Stärke von Seele, Geist und Körper ist das Goldene Kalb, um das alle Menschen wie selbstverständlich kreisen. Deshalb sind Eitelkeit, Ehrgeiz und Narzißmus gültige und akzeptierte Werte. Die Gegenwerte wie Natürlichkeit und Selbstzufriedenheit, Ausgeglichenheit und Gelassenheit, Freiheit und Losgelöstheit, Mitgefühl und Selbstlosigkeit, Selbstvergessenheit und Verträumtheit finden so gut wie keine Berücksichtigung in unserem Denken und Tun. Deshalb sage ich immer wieder: Lausche auf deine wirklichen Wünsche und Bedürfnisse, und gebe ihnen den erforderlichen Freiraum, auch wenn sie einem ehrgeizigen Impuls in diesem Moment zuwiderlaufen sollten. Der Ehrgeiz kann zu einer Überspanntheit führen – und dann macht er auch deinen Körper krank. Die Phase hingegen, nicht ehrgeizig zu sein, also loszulassen, macht deinen Körper wieder gesund.

All diese Zusammenhänge zu verstehen hat uns niemand gelehrt. Deshalb sehe ich es als meine Aufgabe an, jene Zusammenhänge zu vermitteln, klar und für jedermann nachvollziehbar, ohne erhobenen Zeigefinger. Seele und Geist sind ein unbekanntes Gebiet. Die Mediziner erfahren darüber auf der Universität fast nichts, und die Fachrichtung Psychologie ist eine Wissenschaft, die sich mehr mit ihrem Wissenschaftsverständnis befaßt als mit den konkreten Problemen des Seelenlebens im Alltag.

4.
Wie eng hängen Ehrgeiz und Aggressionen zusammen?

Wenn der Ehrgeiz ans Ziel der Wünsche führt, nimmt die innere Spannung ab und damit auch die Neigung zur Aggression. Extremer Ehrgeiz (der noch nicht am Ziel ist) führt zur inneren Angespanntheit, wobei jeder Rückschlag Frustration bedeutet. Innere Angespanntheit und Enttäuschung von Erwartungen bauen Reizbarkeit und Aggressivität auf.

Die Spannung kann zwei Auswirkungen haben: die Tendenz zur Depression oder die zur Aggression. Der introvertierte Mensch reagiert gedrückt und grübelt über seine Fehler nach. Der Extravertierte hält sich nicht mit der Fehlersuche bei sich selbst auf, sondern er gibt anderen die Schuld, selbst denen, die völlig unbeteiligt sind. Er reagiert also gereizt und kritisiert denjenigen, der gerade in seinem Umfeld verfügbar ist. Solch ein extravertiertes Verhalten wird als aggressiv empfunden. Wenn man es harmlos ausdrückt, dann sagt man: »Du bist aber launisch« oder: »Du bist aber schlecht gelaunt«, doch in Wahrheit handelt es sich hier nicht um eine schlechte Laune (die hält meist nur kurz an), sondern eine derartige Gereiztheit ist gleichzusetzen mit Aggression. In solch einem Fall wollen wir den Gereizten auch nicht weiter reizen, um seine Aggression nicht noch zu steigern. Denn: Aggression führt zur Rücksichtslosigkeit, zu brutalem Durchsetzungsverhalten, zu zynischen und ironischen verbalen Spitzen, ist also verletzend und meist ungerecht.

Ehrgeiz und Aggression hängen zusammen. Aus diesem Grund solltest du ehrgeizigen Menschen gegenüber vorsichtig sein, obwohl Ehrgeiz in unserer Gesellschaft nicht negativ bewertet, sondern eher positiv gesehen wird. Wenn die Eigenschaften Ehrgeiz und Extraversion bei einer Person zusammenkommen, dann kann in jedem Moment einer Schwierigkeit oder eines Mißerfolgs Gereiztheit und Aggression sichtbar werden, dann muß jeder damit rechnen, jederzeit zum Zielobjekt eines ungerechtfertigten Angriffs zu werden. Es ist gut, auf solch ein Verhalten vorbereitet zu sein.

Es ist also immer ein großes Problem, von ehrgeizigen Menschen im Beruf oder im Privatleben umgeben zu sein. Ständig ist die Aggression als Gefahr anwesend. Und so kann der einzelne nie entspannt sein, ist immer in der Anspannung: Wann schlägt das Pendel um?

Ehrgeizige Menschen wirken sehr anziehend, da sie Energie und Vitalität, Ideen und Optimismus ausstrahlen können. Sie sind zwar einerseits sehr charmant, können loben und Komplimente machen, aber sie können andererseits verletzend, kritisierend und unverschämt reagieren, wenn sie enttäuscht werden.

Im Berufsalltag kannst du den Ehrgeizigen nur schwer ausweichen, im Privatleben allerdings besteht diese Möglichkeit – wenn nicht eine Verbindung durch Liebe und Partnerschaft besteht. Ehrgeizige und Eitle haben selten einen Mangel an Partnerschaft, da sie, falls sie Erfolg haben, faszinierend und mitreißend wirken. Dennoch liegt bei ihnen die Aggression ständig auf der Lauer, da auch sie Siege nicht pachten können und Erfolge sich nicht erzwingen lassen. Dann aber werden die ehrgeizigen Siegertypen ungenießbar, und wer mit ihnen gerade zusammen ist, der wird zur Zielscheibe ihrer Aggression, sofern er nicht mächtiger und stärker ist als sie. Nur vor Stärke schrecken nämlich ehrgeizige und eitle Menschen zurück, denn dann siegt ihre Einstellung über die Aggression, indem sie nach dem Grundgedanken verfahren: Mit ihm (oder ihr) darf ich es mir auf gar keinen Fall verscherzen. Das Wort ›verscherzen‹ führt dabei nicht selten zu der Assoziation, verbale Aggression habe mit ›scherzen‹ zu tun. Der aggressiv Attackierte erlebt so einen doppelten Nachteil: Einerseits muß er mit den Angriffen fertig werden, und andererseits wird, falls er sich beschwert, alles als Scherz ausgelegt – nach dem Motto: »Du verstehst keinen Spaß.« Hierin ist natürlich eine erneute Kritik enthalten, die demütigend wirken kann.

Im allgemeinen Sprachgebrauch sagt man: »Du hast es dir jetzt mit mir verscherzt.« Das bedeutet: Man will die Aggressionen und die Bösartigkeiten nicht mehr als Scherz hinnehmen – Schluß der Scherze!

Wie kann man also ehrgeizigen und aggressiven Menschen gegenüber die richtige Einstellung gewinnen? Zunächst einmal solltest du ihnen nicht von vornherein aus dem Weg gehen, sondern solltest genau beobachten und registrieren, wie sie sich verhalten. Ob sie nun versuchen, dich durch Lob und Anerkennung zu gewinnen, oder ob sie versuchen, dich durch Kritik und Gereiztheit zu verunsichern – lasse dich davon nicht innerlich berühren. Der Ehrgeizige wie der Eitle handelt nur danach, was ihm nützt, und er zeigt mit seiner Aggression, wie hoch er seine Macht und seine Rangstellung einschätzt. Schließlich weißt du, wie er dich wirklich sieht – und kannst nicht gekränkt sein, wenn er dich abwertet. Du weißt nun um seine subjektive Einschätzung und weißt auch, warum sie nichts über deinen wirklichen Wert aussagen kann. Auch wenn du in den Augen des Aggressiven unter ihm stehst, so bleibt dein wirklicher Wert davon unberührt, vor allem dann, wenn andere dich achten und deinen Wert sehen. Doch in erster Linie solltest du selbst deinen Wert sehen.

Es hat also keine Bedeutung für dich, wenn dich jemand auf- oder abwertet. Dein realer Wert ist davon unabhängig. Es ist deshalb wichtig, den Wertmaßstab des anderen zu erkennen. Darin liegt ein großer Teil der Menschenkenntnis. Mit welchem Maßstab mißt der eine, mit welchem der andere? Mißt er als Katholik, als Politiker oder als Unternehmer, als Künstler oder als Sportler, als Journalist oder als Lehrer? Wessen Wertmaßstab kann also für dich von Bedeutung sein? Keiner.

Es gibt einen Wert deiner Person jenseits aller subjektiven Maßstäbe, die geprägt sind von einem Nutzendenken oder von einer Überzeugungsfixierung. Es gibt viele Aspekte, unter denen man dich beurteilen kann, aber bist du nicht davon unberührt, du als derjenige, der du bist? Solltest du jedoch selbst einen bestimmten Aspekt als Maßstab nehmen, dann besteht für dich die Gefahr, wirklich abhängig zu werden. Deshalb möchte ich dich dazu anregen, zu erkennen, daß du frei von solchen Überlegungen sein kannst, daß du, gleich welchen Alters und Berufs, gleich welcher Hautfarbe und Nationalität, gleich welcher Bildung und politischen oder religiösen Prägung, ungeachtet deiner Herkunft und deines Freundeskreises, einfach der bist, der du bist – ein Individuum jenseits aller Nutzenkalkulation von Interessengruppierungen.

5.
Ist Aggression ein üblicher
Verhaltensstil?

Ich habe deutlich gemacht, daß Reizbarkeit und verbale Aggression bei extravertierten und ehrgeizigen Menschen als aktuelle Reaktionen entstehen, und zwar dann, wenn Erfolgserwartungen enttäuscht werden (in der psychologischen Terminologie wird das mit Frustration bezeichnet). Das psychologische Grundgesetz lautet: Frustrationen erzeugen Aggressionen. Differenzierter ausgedrückt, müßte die Depression hinzugenommen werden, die bei introvertierten Menschen entsteht, wobei erwähnt werden muß, daß die Depression entsteht, wenn sich Wut verinnerlicht und sich gegen das eigene Selbstwertgefühl durch Selbstkritik und Selbstvorwürfe richtet.

Die Aggressivität wird aber nicht nur, situationsbedingt, durch ein aktuelles frustrierendes Erlebnis ausgelöst, sondern sie kann sich auch in einer Person als Verhaltensweise verankern, so daß sie, unabhängig von einem Frustrationserlebnis, ständig präsent ist.

Viele Menschen reagieren nicht nur aufgrund einer aktuellen Enttäuschung aggressiv und gereizt, sondern strahlen ständig eine aggressive Gereiztheit aus, weil sie grundsätzlich von ihrer Lebenssituation frustriert sind. Die Gründe für diese Frustriertheit sind sehr unterschiedlich und vielfältig. Jeder, der sich unfrei fühlt, sich nicht vital entfalten kann, der unter einem Defizit an Anerkennung leidet, sich überfordert fühlt, empfindet Frustrationsgefühle – aus denen dann Aggressionsbedürfnisse resultieren. Wenn das Leben insgesamt unbefriedigend erscheint, führt dies zu einer ungeheuren Frustrationsaufladung.

Auch hier wiederum reagiert der Introvertierte mit Depressionen, während der Extravertierte Aggressionen an den Tag legt. Dies zu erkennen ist für den Umgang mit anderen, also für deine Menschenkenntnis, von enormer Bedeutung.

Die meisten Menschen sind nicht glücklich, sind unzufrieden mit sich selbst und ihren Lebensumständen. Deshalb reagieren sie gedrückt oder aggressiv – und darauf solltest du vorbereitet sein. Da ein von seinen Lebensumständen in seiner Freiheit beschränkter Mensch vom Leben enttäuscht ist, führt jede Lebensentfaltungstendenz, die nicht realisiert werden kann, zu einer inneren Angespanntheit. Statistisch gesehen, sind 95 Prozent der Menschen mit ihrer Selbstentfaltung nicht zufrieden. Der Hauptgrund: Die zivilisierte europäische Gesellschaft bietet keine Selbstentfaltungsmöglichkeiten, sondern erwartet Anpassung an die vorgegebenen Strukturen. Du bist also umgeben von Menschen, die nur eine geringe Chance haben, sich zu entfalten, um frustrationsfrei leben zu können. Selbst wenn es dir also gelingt, dich selbst frei verwirklichen zu können, und du zu den glücklichen fünf Prozent gehörst, wirst du von 95 Prozent frustrierten Menschen umgeben sein, die entweder verzagend depressiv sind oder aggressiv reagieren. Wenn du selbst nicht frei, sondern in Anpassung lebst, wirst du frustriert auf die Frustration und die Aggression der anderen treffen. Jede Aggression frustriert dich aber erneut und macht dich entweder depressiv oder aggressiv. Auf der einen Seite macht dich deine Depression schwach und ermuntert andere, dir gegenüber aggressiv zu reagieren; auf der anderen Seite scheint dich deine Aggression stark zu machen, weil sie eine Kraft darstellt, die entweder andere in die Defensive drängt oder bei ihnen eine noch schärfere Gegenaggression erzeugt. Um selbst aggressiv zu sein, mußt du also die ›Vitalität‹ besitzen, ständig Frustrationen einstecken zu können, die dich dann wiederum noch aggressiver werden lassen.

Kehren wir zur Ausgangslage zurück. Du willst dich selbst entfalten und Freiheit gewinnen. Gehen wir davon aus, daß du auf dem Weg der Selbstverwirklichung bist. Du mußt also damit leben, daß dich deine Mitmenschen aggressiv attackieren, weil sie unzufrieden, unglücklich und frustriert sind. Wie reagierst du darauf? Da du von 95 Prozent Frustrierten umgeben bist, kannst du von ihnen nichts erwarten, weder Anerkennung, Lob noch Zuneigung. Du mußt von ihnen Abwertung, Kritik und Mißlaune, Ideenlosigkeit und Verbitterung, Pessimismus, Gelähmtheit und Engstirnigkeit erwarten. Das ist die Realität: Du bist von verbitterten, frustrierten, depressiven, angespannten und wenig kreativen Menschen umgeben. Wenn du dich auf ihr Verhalten einläßt und versuchst, mit ihnen einen Dialog zu beginnen, so werden sie dir auf Schritt und Tritt mit der Standardformel »Ja, aber...« begegnen. Also heißt Freiheit und Selbstentfaltung, sich von der Meinung der anderen frei zu machen. Von 95 Prozent deiner Mitmenschen wirst du dich unterdrückt und nicht verstanden fühlen. Sie werden dich kritisieren und dir Kraft, Vitalität und Energie rauben. Nur fünf Prozent werden dich verstehen, weil sie selbst frei, unabhängig und deshalb nicht aggressiv sind. Nur diese fünf Prozent sehen dich nicht unter dem Aspekt der Macht und Ohnmacht.

Du brauchst sehr viel Geduld und sehr viel Nachsicht. Richte deinen Kampf nicht gegen jene 95 Prozent. Hoffe auch nicht auf den Glücksfall, also auf einen Menschen zu treffen, der zu besagten fünf Prozent der Freien gehört. Vielmehr solltest du den Spießrutenlauf durch die Reihen jener Unfreien zur Entfaltung deiner Freiheit auf dich nehmen.

Je freier du selbst wirst, um so mehr Verständnis gewinnst du für die Unfreiheit und das Gefangensein der anderen. Du wirst dann deine Sehnsucht nach einem Verbündeten in Geist und Seele verlieren. Du wirst erkennen, daß die Wahrscheinlichkeit, solch einen Menschen zu treffen, sehr gering ist. Wenn du ihn im richtigen Moment deines Lebens triffst, wird es dich sehr beflügeln und deinen Erfolg fördern. Wenn du ihn nicht triffst, dann ist das, statistisch gesehen, normal, also kein Unglück. Bleibe trotzdem auf dem Weg der kreativen Selbstentfaltung und Befreiung. Es ist allemal besser, in Freiheit zugrunde zu gehen, als in Unfreiheit, Anspannung, Depression und Aggression noch viele Jahre zu vegetieren und anderen zu schaden.

Ich möchte die Gedanken dieses Kapitels noch einmal zusammenfassen: Du bist von frustrierten und aggressiven Menschen umgeben. Befreie dich davon – was besagt: Du weißt um die Zusammenhänge von Frustration, Depression und Aggression, verstehst, warum Menschen reagieren, wie sie reagieren, aber du widerstehst jenen Reaktionen. Lasse Aggressionen an dir abfließen wie einen Gewitterregen. Auch wenn sie zum menschlichen Leben gehören, sollten sie dich nicht in deiner Denkweise verändern und in deiner Entfaltung beeinflussen.

6.
Ist Aggression der Kampf ums Überleben?

Wir machen uns mehr Gedanken über andere Menschen, wenn sie aggressiv sind, und weniger, wenn sie gedrückt erscheinen – schließlich fühlen wir uns von letzteren ja nicht bedroht.

Aggression wird meist gerechtfertigt als ein notwendiger Faktor, der zum Kampf ums Überleben unabdingbar ist. Als Beispiel wird nicht selten das soziale Leben der Tiere herangezogen, wobei das aggressive Tier in der Rangordnung (oder ›Hackordnung‹, etwa auf dem Hühnerhof) am höchsten steht und sich beim Kampf ums Überleben (oder bei seiner Selbstentfaltung) als das stärkere erweist. Es wird dann argumentiert, daß ein ›gewisses aggressives Potential‹ notwendig sei, um Beute schlagen und Sexualität entfalten zu können. Ist also Aggression im Kampf ums Überleben und zur Selbstentfaltung notwendig?

Eine Spinne, die ihr Netz baut, damit sich Fliegen darin verfangen, ist nicht aggressiv. Eine Katze, die unbeweglich im Kornfeld sitzt und einer Maus auflauert, ist nicht aggressiv. Ein Bussard, der aus der Luft nach Beute Ausschau hält, ist auch nicht aggressiv. Er ist höchstens hellwach, hochkonzentriert und vital.

Vitalität und daraus resultierende Aktivität sind keine Aggression. Wenn sich das Raubtier auf das Beutetier stürzt, dann ist es gesund und vital. Der gesamte Vorgang,

35

der zu beobachten ist, wenn ein größeres Lebewesen ein kleineres tötet, um es zu fressen, erscheint uns sehr grausam und brutal. Es handelt sich dabei aber um eine biologische Ordnung, die wir staunend und vielleicht mit Abscheu betrachten, denn jedes Lebewesen ist lebensverzehrend tätig, also tötend, und dient gleichzeitig in dieser Schöpfung dem Verzehr, also der Tötung. Die Schöpfung unterliegt diesem Prinzip. Ist der Schöpfer dieser Flora und Fauna aggressiv, weil er dieses Prinzip geschaffen hat? Ergötzt er sich, wie an einem Shakespeare-Drama, daran, welchen Ausgang der Kampf um Überleben und Untergang nimmt? Ist diese Schöpfung brutal und aggressiv? Haben wir das Rätsel dieser Ordnungsstruktur verstanden? Diese Fragen schießen natürlich weit über das zwischenmenschliche Problem der Aggression hinaus, zumal wir dazu tendieren, dem Menschen innerhalb der Natur eine Sonderstellung einzuräumen.

Kommen wir auf das Verhalten der Menschen untereinander zurück. Wer hellwach, konzentriert und mit Einsatz von Ideen und Kreativität seinen Lebensunterhalt absichert, den würden wir als gesund und vital bezeichnen. Wer dabei aber seine Mitmenschen kritisiert, abwertet, schlecht macht, an ihnen ständig herumnörgelt, sie zu kränken und zu verletzen versucht, den würden wir als aggressiv bezeichnen. Es sollte also nicht immer wieder eine Vermischung von Aspekten, die nicht zusammengehören, zur Verwischung der wirklichen Tatsachen stattfinden.

Gegen Aktivität, Vitalität und Entfaltung von Energie ist nichts einzuwenden. Die Gerichtetheit der Vitalität ist also von Bedeutung, und zwar in ihrem Gesamtzusammenhang, denn nicht jede Kritik ist zwangsläufig als Aggression gemeint. Wir sollten zwischen konstruktiver und destruktiver Kritik unterscheiden. Nur die Destruktion des Nörgelns, des Zynismus, des Aufhetzens, der Beleidigung, der Entmutigung ist aggressiv.

Diese Aggression will nicht Beute schlagen, sondern verletzen, sie will nicht positive Ideen entwickeln, sondern niedermachen, sie will also frustrieren und in die Depression treiben, demnach Vitalität schwächen. Die Kämpfe innerhalb eines Wolfsrudels dagegen dienen der Rangordnung. Im Wolfsrudel wird zwar gekämpft, aber es wird kein Artgenosse getötet.

Sind Aggressionen verbaler Art demnach solchen Rudelkämpfen vergleichbar, sind sie also etwa dazu da, um Kräfte zu messen, um Stärkeren den Vortritt zu lassen? Auch hier sind feine Unterscheidungen notwendig, um die destruktive Aggression verstehen zu können.

Den vitalen Kampf um vitale Interessen an Nahrung, Territorium und Sexualpartner müssen wir akzeptieren, obwohl auch das viele gedankliche Schwierigkeiten bereitet, wenn man sich dieser Thematik philosophisch oder religiös nähert.

Die destruktive Nörgelei, das Herabwürdigen und Verletzen, die übliche Form der Aggression unter Menschen, die frustriert sind, kann nicht als naturgegeben und vital toleriert werden. Diese Aggression ist eine neurotische Reaktion, also eine Erkrankung der Seele, die wir nicht als natürlichen Kampf ums Überleben sehen dürfen, vor allem dann nicht, wenn wir dem Menschen eine Sonderstellung in der Natur einräumen wollen (die ihm nach meiner Auffassung nicht gebührt).

Aggression darf also nicht mit dem natürlichen Kampf ums Überleben gerechtfertigt und deshalb letztlich akzeptiert werden. Was ist also konkret für jeden einzelnen zu tun? Gehen wir einmal davon aus, du selbst bist nicht frustriert und möchtest dein Leben in Vitalität entfalten. Ob du das wirklich möchtest (viele wollen das ja gar nicht), sei jetzt erst einmal dahingestellt. Wie begrenzt du destruktive Aggression, die als Kampf ums Überleben daherkommt und sich so rechtfertigt? Du kannst dich frustrieren und schwächen lassen; das ist eine häufige, aber schlechte Reaktionsweise. Du kannst zur Gegenaggression übergehen und dich auf einen Schlagabtausch einlassen; das mag von Fall zu Fall durchaus sinnvoll sein, sofern es bei einer fairen Auseinandersetzung bleibt. Wenn aber sichtbar wird, daß die Destruktion dominiert, sollte die Vitalität sinnlosen Kräfteverbrauch meiden. Ich rate dir dann, dich abzuwenden.

Ein solches Verhalten würde ich nicht als ›Flucht‹ bezeichnen, sondern als Stärke. Sich nicht von Aggressionen berühren zu lassen, sondern sie ins Leere laufen zu lassen, das zeugt von großer Stärke und Vitalität. Warum das so ist, ist damit noch nicht bis ins letzte Detail erklärt. Aber es ist so, und du wirst diese Stärke fühlen, wenn du diese Erkenntnis gewinnst, wenn du zwischen destruktiver Aggression (durch Frustration verursacht) und konstruktiver Kraft (ich spreche jetzt bewußt von Kraft) zu unterscheiden lernst. Die Destruktion richtet sich gegen dich, die konstruktive Kraft zielt auf die Sache, und es bleibt alleine dir überlassen, ob es dir ›die Sache‹ wert ist, dich mit jemandem konstruktiv auseinanderzusetzen (auf keinen Fall jedoch destruktiv).

7.
Warum wird Aggression
meist getarnt?

Auch Depression ist eine Aggression. Sie richtet sich gegen die eigene Person. Auf den ersten Blick scheinen Aggressionen und Depressionen sehr weit voneinander entfernt zu sein, aber es handelt sich dennoch um die Kinder der beiden Eltern Frustration und Enttäuschung von Erwartungen.

Weder die Depression noch die Aggression zeigen sich immer in unverfälschter und deutlicher Ausprägung. Die Depression tarnt sich beispielsweise als ständiges Lamentieren über ungünstige Umstände, etwa über schlechte politische Verhältnisse, die Schlechtigkeit der Menschen, die Rezession der Wirtschaft; diese Faktoren sind dann schuld an der Misere des Lebens und an den Problemen, die einen niederdrücken und belasten. »Wenn das alles nicht so schrecklich wäre, ja dann... könnte man sich entfalten, Erfolge haben und Lebensfreude empfinden.« Der Depressive sucht die Schuld bei anderen, macht die Verhältnisse verantwortlich, macht aber auch vor sich selbst nicht halt: »Wenn ich eine bessere Ausbildung hätte..., wenn ich nicht diese Frau geheiratet hätte..., wenn ich mehr Selbstbewußtsein hätte..., wenn ich nicht diese Viruskrankheit bekommen hätte..., wenn ich hübscher, wenn ich redegewandter wäre...« Der Depressive steigert sich in diese negativen Umstände hinein, zerfleischt und lähmt sich mit Selbstkritik selbst.

Auch der Aggressive ist empört über die Verhältnisse und die Misere seiner persönlichen Entwicklung und seiner Schwächen. Aber er jammert nicht darüber, sondern sieht die Schwächen der anderen – und greift sie an (lenkt also von sich selbst ab). Er regt sich über jeden Fehler seiner Mitmenschen auf und steigert sich in alles und jedes hinein, um diesen Fehler so zu potenzieren, daß er selbst davon noch Gewinn hat, sich dabei doch recht gut zu fühlen. Um so extravertiert in den direkten Angriff überzugehen, sind natürlich Mut und Energie erforderlich. Diese extravertierte Energie hat der Depressive nicht; er kommt über das Lamentieren und sein Enttäuschtsein – das ihn lähmt – nicht hinaus.

Wut und Aggression können sich bei weniger extravertierten oder ängstlichen Menschen nicht direkt und offen zeigen. Wer die Kraft nicht in sich fühlt, den anderen seine Wut zu offenbaren, der verbirgt sie und bringt sie versteckt zum Ausdruck. Deshalb ist nicht jeder höfliche und freundliche Mensch frei von Aggressionen; das wäre ein fataler Trugschluß. Im Gegenteil: In unserer Anpassungsgesellschaft werden Gefühle oft nicht geradeheraus zum Ausdruck gebracht, sondern hinter der Maske der gesellschaftlichen Konventionen und Höflichkeitsformen verborgen. So kann es dir geschehen, daß du gelobt wirst und man dich mit vordergründiger Nettigkeit behandelt, aber du dennoch sehr feine Hinweise erhältst, die dir unter die Haut gehen sollen.

Den aggressiven Polterer, der plötzlich wütend losschreit, kann man leichter einordnen als den freundlichen, höflichen und komplimentbedachten Charmeur, der überraschend, unerwartet eine verbale Spitze losläßt. Meist sind diese Spitzen (ironischer oder gar zynischer Art) so geschickt gestaltet, daß sie auch als ›geistreich‹ erscheinen und als eine Art von Humor verstanden werden können, über den der Adressat zwar nicht lachen kann, aber vielleicht lachen sollte – denn man sollte ja wohl auch über sich selbst lachen können oder über der Situation stehen oder überhaupt nicht so empfindlich sein und alles viel lockerer sehen. In diese Lücke drängt sich der getarnt Aggressive und wird so seine Aggressionen los.

Wieso aggressiv? Das war doch nicht aggressiv gemeint, das war doch nur ein Aphorismus, das war doch nur eine spontane, scherzhafte Idee – und ob man denn nicht einen Scherz vertragen könne? Und schon hat die Aggression wieder einen weiteren Ansatz, aggressiv vorzudringen.

Die getarnte Aggression ist gemein und gefährlich. Der getarnt Attackierte gerät dann meist in eine sehr schwierige Situation: Zum einen wird er zwar attackiert, zum anderen nimmt er die Angriffe jedoch nicht direkt wahr, da ja nichts konkret war und er sich das Ganze vielleicht nur eingebildet hat – und dadurch eine Sensibilität zeigt, die vielleicht übertrieben ist und die Probleme, gar Komplexe des eigenen Ego offenbart. »Das war doch nun alles wirklich nicht *so* gemeint.« Es war ja viel positiver gemeint, wird der nun doch leicht Irritierte beruhigt, bis die getarnte Aggression mit erneuten Spitzen nachstößt. Und so wirst du systematisch verunsichert. Lasse dich deshalb nicht auf solch ein Spiel ein. Es gibt nur ein Mittel gegen die getarnte Aggression: Sofort nachfragen, wie das gemeint sei – und du wirst feststellen, daß sich der getarnte Aggressive meist nicht als aggressiv zu erkennen geben will, sondern zurückweicht und sich in viele Erklärungen und Erläuterungen flüchtet, darzulegen versucht, wie er das und jenes gemeint habe, was natürlich nicht gegen dich gerichtet gewesen sei.

Allerdings kann es durchaus passieren, daß dann doch die Aggression zum Vorschein kommt und du als der tatsächlich Angegriffene dastehst. Es ist also eine wache und klare Muthaltung erforderlich, um der getarnten Aggression gegenüberzutreten. Du solltest also nicht um ›des lieben Friedens‹ willen zurückweichen.

So, nun habe ich dir geschildert, wie dich die anderen aggressiv angehen können. Hast du dabei auch etwas über dich selbst erfahren? Handelst du vielleicht selbst mitunter ähnlich? Greifst du vielleicht auch schon einmal ›durch die Blume‹ an?

Sollten wir einmal gemeinsam darüber nachdenken, was zu tun ist, um weder durch die Blume noch direkt aggressiv zu reagieren? Welchen Grund gibt es für Aggressionen? Damit sollten wir uns beschäftigen. Die Aggression sollte sich nicht gegen mich, gegen dich und gegen einen anderen richten. Wohin also mit dem Unbehagen und der Wut? Ist das Wohin vielleicht die sekundäre Frage? Wenn Wut entstanden ist, dann ist es wohl bereits zu spät, dann ist das Unglück bereits geschehen – und der Lavastrom bricht sich seinen Weg, offen, verdeckt oder mit Phantasie und Intelligenz (Ironie, Zynismus) getarnt. Damit haben wir zu leben, doch wir sollten mit klarem Bewußtsein einer solchen Realität begegnen: Wir erkennen uns selbst als Aktive dieses Prozesses auch in diesem Problem; wir sind nicht nur Empfänger von getarnten Aggressionen, sondern können auch zu Sendern werden. Es geht für dich und mich also um die Frage, wie wir selbst nicht mehr zu Sendern werden. Erst dann können wir als Empfänger die Souveränität haben, mit unverfälschter Klarheit auf ein Agieren zu reagieren.

8.
Ist Neid eine Sonderform
der Aggression?

Wir sollten unterscheiden zwischen dem Neidischsein und dem Umstand, Neid zu provozieren. Was bedeutet es, neidisch zu sein, wie fühlt sich das an? Ein anderer hat ein schönes Haus, und ich hätte auch gerne dieses Haus. Ich spüre ein Verlangen, gönne ihm aber dieses Haus durchaus, denn ich habe keine Ressentiments gegen ihn als Person. Und dennoch kriecht dieses unangenehme Gefühl von Neid in mir hoch. Vielleicht verurteile ich dieses Gefühl an mir, denn ich möchte nicht neidisch sein. Warum bin ich also neidisch, obwohl es eigentlich unsinnig erscheint?

Meist gehen wir den Ursachen für das Neidgefühl nicht nach, sondern drücken das Neidgefühl in uns nieder, indem wir das Haus loben und dem Hausherrn Komplimente machen, um ja nicht neidisch zu erscheinen. Untersuchen wir die Ursache für den Neid, dann stellen wir fest, daß wir uns vielleicht dafür kritisieren, diese finanziellen Möglichkeiten nicht zu haben, jemals ein solches Haus zu bewohnen. Aufgrund des Berufes, den wir ausüben, um unseren Lebensunterhalt zu verdienen, wird uns in Zukunft kein solches Haus erschwinglich sein. Vielleicht hat der Besitzer das Haus geerbt und mußte sich gar nicht dem Leistungsstreß aussetzen? Es wird uns dann beispielsweise bewußt, daß wir selbst nichts erben werden, weil die Eltern kein Vermögen besitzen. Neid ist also mit einer Kritik verbunden –

an meinen Lebensumständen, an meiner Leistungsfähigkeit oder an dem Glück oder Unglück, keine vermögenden Eltern zu haben.

Wir leben in einer Leistungsgesellschaft, die Erfolg am Haben mißt. Die meisten Menschen einer solchen Gesellschaft sind geprägt von dem Gedanken, Erfolg haben zu müssen und das auch, durch entsprechende Statussymbole, nach außen sichtbar werden zu lassen. Leistung ist dann Mittel zum Zweck, Status zu erringen. Was man hat, dient als Symbol für den Wert der Leistung, die man im Kampf um Erfolg erbracht hat. Also landen wir wieder bei der Aggression. Ich bin neidisch, weil ich mich in meinem Selbstwertgefühl angegriffen fühle. Weil er dieses repräsentative Haus hat, strahlt er einen Status auf mich aus, der mich attackiert.

Ich denke, nun kannst du auch verstehen, daß andere Leistung und Erfolg durchaus materiell in Statussymbole umsetzen, um dadurch auch Neid zu provozieren. Das Vorzeigen von Statussymbolen ist durchaus als eine Aggression und Machtdemonstration gemeint, um andere zu verunsichern und in ihre Schranken zu verweisen. Das Neidgefühl der anderen gibt dem Provozierenden das Gefühl, in ihren Augen erfolgreich zu sein und anerkannt zu werden.

Neid zu provozieren ist ein Ausleben von gut getarnter Aggression. Es erscheint auf den ersten Blick abwegig, den Besitzer eines großen Hauses, in dessen Garage drei hochpreisige Autos stehen, der über einen eigenen Tennisplatz auf seinem Grundstück und eine Ferienvilla im Tessin verfügt, als aggressiv zu bezeichnen. Und dennoch: Die meisten sind getarnt aggressiv, und die meisten haben ihre Statussymbole durch ihre extravertierte Erfolgsaggression errungen (sofern sie nicht geerbt haben). Wer so weit gekommen ist, wer zu den oberen zehn Prozent innerhalb einer Gesellschaft zu zählen ist, der will auch nur mit den oberen zehn Prozent der Gesellschaft verkehren und nicht mit den darunterliegenden 90 Prozent. Er integriert sich also in einem Umfeld des Statusgerangels, wodurch er sich überlegen fühlt – oder neidisch wird. Einmal dort ›oben‹ angelangt, bewegt er sich ständig zwischen zwei Polen: dem Einstecken von Aggressionsimpulsen und dem Austeilen von Aggressionen.

Ich habe dieses Beispiel zwar an den oberen zehn Prozent festgemacht, aber das bedeutet nicht, daß die Habenmentalität nur dort anzutreffen ist. Sie zieht sich durch alle Gesellschaftsschichten bis hin zu den Obdachlosen (bei denen Neid entstehen kann, wenn einer ein Fahrrad besitzt).

In diesem Zusammenhang stößt man mit dem Wort ›Bescheidenheit‹ leicht auf Unverständnis. Und doch: In der Habenmentalität liegen nicht die Schönheit und die Würde des Menschen, eher schon in der ›Bescheidenheit‹, obwohl dieses Wort häufig mißverstanden wird. Ich will nämlich nicht die Armut und die völlige Besitzlosigkeit preisen. In dieses Extrem muß man nicht verfallen, um den Wert der Bescheidenheit zu erkennen.

Diese kurze kritische Betrachtung soll auch nicht dazu dienen, den Wert der Leistung oder den beruflichen Erfolg oder das Glück einer Erbschaft herabzumindern. Eine Leistung zu erbringen, aus Enthusiasmus und innerer Freude, ist etwas sehr Wertvolles und Wichtiges für die Gesellschaft. Auch die Hersteller von repräsentativen Autos sollen nicht verurteilt werden. Es ist angenehmer, in einem geräumigen, komfortablen Auto von Köln nach Berlin zu fahren als in einem ›Volkswagen‹ aus dem Baujahr 1970. Ich reise nach New York natürlich lieber mit einer ›Concorde‹ als mit einem Schiff, das während der Zeit des Kolumbus das Maß seiner Dinge war. Und ich lasse meine Zähne lieber von einem wissenschaftlich gut ausgebildeten Zahnarzt überkronen als von einem Zahnklempner, der seine ›Werkstatt‹ in einem Hinterhof betreibt.

Es geht um etwas anderes. Kann ich als Mensch frei sein vom Haben? Kann ich in einer Villa leben, ohne mein Herz daran zu hängen? Kann ich den Flug nach New York genießen, ohne mich als etwas Besonderes zu fühlen? Kann ich das alles genießen, um es in Bescheidenheit als ein Glück zu empfinden, das ich an andere weitergeben möchte? Empfinde ich eine Dankbarkeit für meine Leistungsfähigkeit, und sehe ich die Freiheiten als Genuß für mein Sein?

Es zählt nur das Sein und nicht das Haben. Dieser Satz wird sicherlich jetzt mißverstanden. Du meinst, wenn man hat, dann folgt das Sein leichter nach. Das Sein aber steht im Zentrum, und dann wird dich das Haben nicht korrumpieren können. Nicht das Haben ist für das Lebensglück von wahrer Bedeutung, sondern das Sein. Das Haben verhaftet dich der Aggression, du willst es dokumentieren. Es geht auch nicht darum, das Haben durch Understatement zu verstecken. Du kannst das Land Nordrhein-Westfalen besitzen, aber es wird dir als Mensch nichts nützen. Du kannst zwanzig Millionen im Lotto gewinnen und dir Häuser kaufen und dich am Neid der anderen befriedigen, es wird dir nichts nützen, denn es kommt auf dich an, auf deinen Geist, deinen Körper und deine Seele und auf den Kontakt zur Umwelt durch Geist, Körper und Seele. Neid zu provozieren wird dich nur sehr oberflächlich erfreuen.

Neidisch zu sein ist dir auch deshalb so unangenehm, weil dieser Umstand dir deine Schwäche und deine Abhängigkeit und dein falsches Verlangen vor Augen führt. Davon willst du nichts wissen. Vielleicht willst du auch nichts davon hören, nicht davon lesen, sondern lieber fernsehen. Aber auch hier geht es wieder um dieselbe Problematik – nicht vordergründig, aber in der Essenz: Ob du die Verdrängungsmaschine anstellst, um nicht nachzudenken, oder ob du dich in den Leistungskampf um Statussymbole

46

stürzt, hat mit dir und deinem Leben zu tun. Es lohnt sich, ernsthaft darüber nachzudenken. Jenseits davon gibt es eine Freiheit, die mehr mit Glück zu tun hat als vielleicht eine Prämie von x-tausend Mark, die bei einer Gameshow zu gewinnen ist.

9.
Kann man von Aggressionen
frei werden?

Du bist von frustrierten Menschen umgeben, die Erfolg haben wollen, ihr Ego bestätigen wollen – also gehört offene und getarnte Aggression zu deinem normalen Lebensumfeld, sobald du unter Menschen gehst. Du bist gezwungen, damit zu leben; deshalb ist es sehr sinnvoll, über die psychischen Prozesse, die das verursachen, Bescheid zu wissen. Du selbst bist mit deiner Psyche nicht frei davon, bist also selbst mehr oder weniger aggressiv, neidisch, eitel und ehrgeizig.

Wie kannst du dich also von alledem befreien, das heißt, frei werden von der Angst davor, angegriffen zu werden, und frei von der inneren Angespanntheit, andere anzugreifen? Es gibt, grob eingeteilt, drei Methoden:

Erstens: Angriff ist die beste Verteidigung. Also reagierst du offensiv und extravertiert, selbst aggressiv und schämst dich kein bißchen deswegen.
Zweitens: Du ziehst dich, wo es nur möglich ist, zurück und vermeidest Aggressionssituationen. Du bist also angepaßt, freundlich und nett, um auf diese Weise wenig Anhaltspunkte für Agriffe zu bieten, denn Aggressionen verletzten dich.
Drittens: Du machst dich durch Erkenntnis der menschlichen Psyche frei, verstehst die Aggressionsbereitschaft

der anderen, verstehst sie auch in dir selbst und löst dich völlig davon los.

Diese dritte Methode ist unser Thema. Um nicht zerrieben zu werden von dem Mechanismus Aggression und Gegenaggression, solltest du einen Ausweg aus dieser menschlichen Misere finden. Diesen Ausweg gibt es, und ich denke, ich habe ihn bereits skizziert.

Es gibt eine Bescheidenheit, die nicht mit Schwäche gleichzusetzen ist. Wir haben häufig große Angst davor, als schwach zu gelten, und wollen gegen die Stärke der anderen eigene Stärke setzen. Also haben die bisher besprochenen Probleme auch mit der Angst zu tun, das eigene Ego könnte nicht genug zur Geltung kommen. Wir streben nach einem starken Ego und verurteilen ein schwaches Ego. In dieser Abwertung von Schwäche liegt das Problem – in der Angst davor, zu versagen, kritisiert zu werden, Erwartungen nicht zu erfüllen. Wir machen die Erwartungen der anderen an uns zu Ideen, mit denen wir uns identifizieren, die wir also auch an uns stellen. So sind wir es gewohnt, von Kindesbeinen an: Zuerst stellen die Eltern Erwartungen, dann die Lehrer, dann die Lehrherren oder Professoren, dann die Freunde und die Liebes- oder Ehepartner. Du bist gefangen in einem System von Erwartungen.

Mit einem Schlag bist du in der Freiheit, wenn du diese Erwartungen der anderen negierst. Das bedeutet eine große innere Revolution und ist ein Kraftakt von elementarer Stärke. Du wischst das gesamte Wertesystem der anderen, auch aus der Vergangenheit, vom Tisch. Sie erwarten einmal von dir Konzentration oder Disziplin, ein andermal die oder jene Leistung in einem Lehrfach, wieder ein andermal deine Bereitschaft, geduldig zuzuhören oder in der Partnerschaft treu zu sein. Allein mit dem Aufzählen der Erwartungen an dich könnte man leicht zehn Buchseiten füllen. Um anerkannt und geschätzt zu werden, hast du bisher ver-

sucht, es ihnen irgendwie mit viel Einsatz und Unterdrük-
kung deiner Lebendigkeit recht zu machen. Und nun
wischst du das alles in einem Augenblick vom Tisch. Und
damit stehst du in der Freiheit. In diesem Moment erfüllst
du keine Erwartungen mehr, also wirst du abgewertet und
kritisiert. Du empfindest das als Aggression. Aber plötzlich hat diese Aggression eine andere Wertigkeit für dich.
Du erkennst, daß sie aus der Frustration kommt, weil die
anderen ihren Willen nicht mehr bekommen und dich
nicht mehr manipulieren können. Sie haben ein Problem,
und du hast keines mehr. Du hast allerdings dann doch
eines, wenn du einen Luftzug Freiheit tief einatmest – und
dann doch wieder zurückfällst in die alte Manipuliert-
heit.

Es ist sehr viel Stärke erforderlich, in der Freiheit zu bleiben, denn das heißt, daß du bereit bist, Schwächen zuzugeben, die du bisher vertuschen und verbergen wolltest. Frei
zu sein heißt, die Abwertung der anderen zur Kenntnis zu
nehmen. Sage also: »Ja, ich bin nicht diszipliniert genug,
und ich kann mich darauf nicht konzentrieren.« Du spürst,
welche Kraft notwendig ist, das zuzugeben und auszusprechen. Du sagst: »Ich liebe dich, aber ich möchte nicht zu
dieser Veranstaltung gehen, obwohl du mich darum gebeten
hast. Bitte verstehe, daß mir das nichts gibt, aber daß das
mit meiner Zuneigung zu dir überhaupt nichts zu tun hat.«
Oder du sagst: »Ich kann diese Sache nicht mehr machen, es
frustriert mich und macht mich unglücklich. Ich muß darüber nachdenken und einen anderen Weg gehen.« Oder du
sagst einfach nur: »Bitte erkläre mir, wovon du sprichst. Du
magst mich für dumm halten, aber ich habe es bisher nicht
verstanden.« Die aggressive Kritik steht natürlich zum
Sprung bereit, wenn du offen und frei reagierst. Man wird
an deine Verantwortungsbereitschaft appellieren, an dein
Ehrgefühl, an deine Leistungsbereitschaft, an Treue, Liebe,
Vitalität, Solidarität. Große Worte und Werte werden aufge-

fahren, um dich so zu manipulieren, daß du wieder zur Anpassung zurückkehrst.

Es ist sehr viel Kraft erforderlich, um dem zu widerstehen. Aber wenn dir die Erkenntnis wie Schuppen von den Augen gefallen ist, wirst du spüren, wie sie dich manipulieren wollen. Und du wirst eine Komik darin sehen, die du bisher nie bemerkt hast. Du bist schwach und freust dich deiner Schwäche. Sie alle appellieren an deine Stärke, um dich so zu ›kriegen‹. Wenn du stark sein willst, deine Eitelkeit bestätigen möchtest, dann ›kriegen‹ sie dich. Wenn du aber Eitelkeit und Narzißmus, Ehrgeiz und Neid, Aggression und Verlangen, Habenmentalität, Lob und Anerkennung – wenn du das alles vom Tisch gewischt hast, dann haben sie nichts mehr in der Hand, um dich mit Angst zu erpressen.

Du stehst in der Freiheit und antwortest: »Ich bin schwach, und ich stehe dazu.« In diesem Moment sind alle deine ›Schwächen‹ deine Stärke. Du bist heraus aus diesem System der Unterdrückung und Erpressung. Sie können dir keine Angst mehr machen, denn ihre Erwartungen sind nicht mehr deine Erwartungen. Du hast auch keine Erwartungen an sie. Du erwartest von ihnen nichts anderes als das, was sie dir geben können und wie sie sind. Sie sind so. Sie wollen dich vereinnahmen für ihre Zwecke, Vorstellungen und Werte.

Du bist aber aus dem gesamten System herausgetreten. Laß sie dich bedrohen mit Unmoral, Disziplinlosigkeit, Unsolidarität, Illoyalität, mit diesen Schlagwörtern, Angstkeulen, die dich einschüchtern sollen. Die Manipulation ist zu Ende. Diese Werte haben keine Gewalt mehr über dich. Wer in der Freiheit steht, ist nicht mehr erpreßbar; das gehört zum Wesen der Freiheit. Und sie werden es immer wieder und wieder versuchen, dich mit diesen Wertködern zu ›kriegen‹. Du wirst aber wie ein Fels in der Brandung stehen, es fühlen und dann sagen: »Meine Schwäche, wie ihr meint, ist meine Stärke.« Sie werden ihre Machtlosigkeit erkennen und verrückt spielen. Du wirst deine Schwäche lieben und stolz auf sie sein. Nur wer dazu steht, gelangt in die Freiheit. Wer stark sein will vor anderen, ist gefangen im Wertesystem. Er wird von Freiheit träumen, aber in Gefangenschaft sterben. Du aber hast die wahre Stärke erlangt, nämlich schwach sein zu dürfen, und du gestattest es dir. Das ist der große Luxus, der nicht in einem Geldbetrag gemessen werden kann. Deine Schwäche ist deine Stärke, denn du bist dadurch in Freiheit. Damit hast du das höchste Gut erreicht, das man als Mensch erreichen kann. Du hast eine Position, von der aus das Leben beginnt glücklich zu werden. Anpassung ist manipuliertes Dahinsiechen. Freiheit heißt dagegen, die Realität mit klaren und wachen Augen zu sehen, so, wie sie wirklich ist.

Zweiter Teil

Im Licht der Freiheit

»Jeder Mensch ist etwas Persönliches und Einmaliges, und
an Stelle des persönlichen Gewissens ein kollektives setzen
zu wollen, das heißt schon Vergewaltigung und ist der
erste Schritt zu allem Totalitären.«

HERMANN HESSE

10.
Hat Freiheit etwas mit dem Selbstwertgefühl zu tun, und warum entsteht dabei auch Angst?

Der Begriff ›Freiheit‹ wird meist mit Politik in Zusammenhang gebracht. Etwa dann, wenn sich unterdrückte Bevölkerungsgruppen selbst verwalten wollen, also nach politischer Selbstbestimmung streben. Nicht selten entstehen aus diesem Drang Aufstände und Revolutionen. Von diesem Freiheitsbegriff, der sich wie ein roter Faden durch die ganze Menschheitsgeschichte zieht, will ich jetzt nicht sprechen, sondern von der persönlichen Freiheit, von dem subjektiven Erleben in unserer Psyche.

Auch wenn du in einem politisch freien Land lebst, so hast du dennoch deine ganz persönlichen Freiheitsempfindungen, die dich glücklich machen können – oder auch nicht (wenn dabei Angst auftaucht). Wenn du mit Menschen offen und ehrlich über diese Thematik sprichst, wenn sie dieses Thema überhaupt zulassen, dann erfährst du mehr über Ängste als über Glück. Viele sehnen sich zwar nach Freiheit, aber sie haben Angst davor.

Es ist immer wieder zu beobachten, daß in wirtschaftlichen Rezessionsphasen, wenn Firmen Mitarbeiter entlassen, der Konsum eingeschränkt wird. Dann klagt die Gastronomie, klagt der Einzelhandel – nur die Urlaubsbranche nicht, denn die boomt weiterhin. An vielem wird gespart, aber nicht am Urlaub (jedenfalls statistisch gesehen).

Prinzipiell boomt in einer Rezession die Touristikbranche, weil der Tourist im Urlaub ein Freiheitsgefühl sucht. Er muß drei Wochen nicht zur Arbeit, kann aufstehen, wann er will, und den Tag selbst gestalten, kann an den Strand gehen oder eine Kirche besichtigen, kann eine Autofahrt durch fremdes Gebiet machen oder Tennis spielen. Er hat das Gefühl von persönlicher Freiheit, da er weniger der Fremdbestimmung unterliegt – was ihm wiederum ein gutes Selbstwertgefühl vermittelt. Wir sehnen uns also nicht zuletzt deshalb nach Urlaub, weil wir selbstbestimmter leben können. Hier spielt die Angst eine geringe Rolle.

Doch es gibt auch Menschen, die mit einem Urlaub gar nicht soviel anzufangen wissen, wenn sie erst angekommen sind. Es entsteht vor ihren Augen eine große Leere: Drei Wochen gibt es nichts zu tun, sind keine Aufgaben, keine Ziele da, die erreicht werden müssen. »Was? Sich mit der Ehefrau (dem Ehemann) befassen, den ganzen Tag mit ihr (ihm) zusammensein – o Gott, wie beängstigend.« Also wird Programm gemacht. Darauf sind die Feriendörfer mit ihren Animateuren eingerichtet, die von der Frühgymnastik über das Sportprogramm bis zu abendlichen Discospielen die unangenehme Leere füllen. Ich kenne aktive Manager und Unternehmer, die kurz vor dem gebuchten Urlaub psychosomatisch erkranken, damit solch eine Reise storniert werden muß.

Die plötzliche Freiheit im Urlaub kann also auch angstbelastend sein. Dann wird ein Programm geplant, zu dem man sich scheinbar selbstbestimmt entscheidet, damit die Zeit ausgefüllt wird. So entstehen Unzufriedenheit und Verpflichtung in der Phase der ersehnten Freiheit.

Im Urlaub kann man »die Seele baumeln lassen«, heißt es so schön. Aber wer läßt die Seele wirklich baumeln? Wer ist so frei, nichts zu tun und sich über den Müßiggang zu freuen und dadurch wirklich zu entspannen? Es sind die wenigsten.

Nun wäre die Zeit da, die Freiheit, die Natur zu genießen, die Wellen am Strand zu beobachten, den Schafen zuzusehen, den Wind zu spüren, sich dabei selbst zu erleben. Wer macht das schon? Unterhalte dich einmal mit deinen Freunden und Bekannten, wenn sie aus dem Urlaub zurückkehren und von ihm berichten. Sie erzählen vom Service des Hotels, von der Ausstattung des Zimmers, von Kulturdenkmälern, die sie besichtigt haben, von Restaurants und Discos, die ›in‹ sind oder ›out‹. Sie nerven dich mit unattraktiven Fotos und Videofilmen und lachen sich schlapp, daß hier dieses Mißgeschick passiert ist und dort jener Kellner mit dem Tablett über eine Frau im Liegestuhl gefallen ist. Aber sie haben sich eigentlich weniger amüsiert, sondern mehr geärgert, denn vom Zimmerservice wurden 200 Mark geklaut, die Ohrringe auf dem Nachttisch sowieso, der Sohn hatte eine Sonnenallergie, und die Ehefrau war eifersüchtig auf die Blondine am Nachbartisch – und so stolperten sie von einer Problematik in die nächste. Es gab Streit, oft war das Wetter nicht gut genug, dann wieder haben Hitze und Sonnenbrand genervt (die zwei Tage im Bett mit Brechdurchfall auch), ging die Kamera zu Bruch, war der Kellner im Restaurant unverschämt und penetrant unfreundlich. Ist das Freiheit? Es ist die alte ewige Leier, die wir auch zu Hause haben.

Psychische Freiheit ist etwas ganz anderes. Davon wollen wir reden, damit müssen wir uns befassen. Es gibt eine Freiheit jenseits der Angst, es existiert eine Freiheit, die das Selbstwertgefühl kräftigt und nicht schwächt. Diese Freiheit kannst du zwar im Urlaub finden, aber noch viel wichtiger ist es, daß du sie im Alltag findest, daß sie dich immer begleitet, im Hier und Jetzt. Von dieser psychischen Freiheit bzw. Unfreiheit müssen wir reden, denn sie ist wichtig für dein Selbstwertgefühl als Person.

Es ist von großer Bedeutung für dein Leben, daß du die Freiheit zu einem Bestandteil deines Seins machst. Sie sollte immer anwesend sein als kostbares Gut, das du erkannt hast. Du solltest eine persönliche Beziehung zur Freiheit bekommen, damit sie dein Selbstwertgefühl ständig begleitet, auch zur Angst, die damit verbunden ist, denn sie gehört psychologisch dazu. Die Angst ist in diesem Zusammenhang kein negativer Wert, der einfach weggeschoben wird.

Freiheit und Angst sind am Anfang miteinander verbunden. Wir sollten uns daher auch eingehend mit den Ängsten befassen, denn sie geben uns Aufschluß über uns selbst. Es ist keine Kunst, großartig über Freiheit zu reden, denn das ist ein strahlender Begriff, aber es ist eine große Kunst, über die eigenen Ängste zu reden, sie vor sich selbst zu offenbaren – denn es ist wirklich etwas Schönes, Reifes und Weises, sie vor anderen zuzugeben und mit ihnen darüber zu reden (sofern die anderen das können). Wenn sie es können, wenn sie sich darauf einlassen, werden sie zu guten Freunden. Dann hast du zwar noch nicht die Ängste überwunden, aber Freunde gefunden, mit denen du dich auf den Weg machen kannst. Mit ihnen solltest du verstärkt Umgang pflegen, während du diejenigen, die von so etwas nichts wissen wollen, die sich nur amüsieren wollen, hinter dir lassen solltest, denn mit ihnen gelangst du nicht in die Freiheit. Aber selbst wenn du niemanden hast, der sich offenbart, so gehe trotzdem diesen Weg.

11.
Hat seelische Freiheit etwas mit Offenheit der Sinne zu tun?

Psychische Freiheit ist Offenheit der Sinne und des Geistes. Befassen wir uns zunächst mit der Offenheit der Sinne und erst danach mit den geistigen Prozessen, denn in unserem Fall sind die Sinne von besonders großer Bedeutung.

In meiner Praxis erzählte mir vor einigen Jahren eine Frau von ihrer Partnerschaft: »Ich kann mich mit meinem Mann gut unterhalten. Er ist gebildeter als ich und verfügt über viel politisches und geschichtliches Wissen. Außerdem ist er ein guter Menschenkenner und hat als selbständiger Unternehmer im Beruf Erfolg, so daß wir keine finanziellen Probleme haben. Er ist beruflich natürlich sehr engagiert, und die Firma wächst von Jahr zu Jahr. Ich bin derzeit nicht berufstätig, möchte aber zumindest einen Halbtagsjob in einer Gärtnerei machen, denn ich liebe die Natur und die Blumen über alles. Am Wochenende machen mein Mann und ich oft gemeinsame Spaziergänge durch die nahe gelegenen Wiesen und Wälder. Dabei ist mir aufgefallen, daß ich ihn immer wieder auf die Pflanzen und Blüten, die Gerüche in der Luft, das Licht- und Schattenspiel der Sonne im Wald hinweise. Er sagt dann zwar, ja, er würde es sehen, aber ich habe das Gefühl, er sieht es nicht richtig, denn er verliert kein weiteres Wort darüber und spricht lieber über die Firma, über den Umbau unseres Hauses, über den Golfclub.

Ich frage manchmal: »Hast du dir die Blüte wirklich angesehen?‹ Er sagt: ›Aber ja‹ – und weiter nichts. Was ist das? Gleichgültigkeit, Verständnislosigkeit? Manchmal denke ich, er glaubt, ich hätte eine Naturmarotte.«

Ich antwortete: »Seine Sinne funktionieren objektiv. Er sieht zwar mit den Augen die Blüte, er riecht auch den Duft, er sieht Licht und Schatten auf dem Waldweg und spürt den Wind auf seiner Haut, und dennoch ist er ›blind‹. Augen und Ohren funktionieren, medizinisch gesehen, richtig, aber was er wahrnimmt, dringt nicht bis zu seiner Seele vor; es löst in ihm keine Resonanz aus. Seine Augen sind nicht somatisch blind, sondern psychisch. Seine Augen sind, physiologisch gesehen, gesund, aber das Gesehene kommt in der Seele nicht an, oder es trifft dort auf so steinigen Boden, daß keine Emotionen ausgelöst werden können; er ist also gefühlsmäßig nicht beteiligt, denn er fühlt und empfindet nichts dabei. Das bezeichne ich als seelische Abstumpfung, Verhärtung, Verkrustung und Lieblosigkeit. Wir sehen nicht nur mit den Augen – die sind nur ein Fenster zur Welt –, wir sehen mit der Seele, also mit den Gefühlen, mit liebendem ... oder mit verbittertem Herzen.«

Wenn ich immer wieder sage, wir sollten die Sinne öffnen und wahrnehmen, weil wir dann liebesfähiger und freier werden, dann klingt das so einfach und leicht – und doch ist für viele Menschen nicht nachvollziehbar, was damit wirklich gemeint ist.

Um den Gesamtvorgang zu verstehen, müssen wir die Freiheit verstehen. Wer nicht frei ist, wer im Gefängnis seines Denkens lebt, Plänen, Zielen und Ideen nachhängt, kann sich oft nur schwer freimachen und losgelöst wahrnehmen und sinnlich erleben; es fehlt dann die Sensitivität. Diese Menschen wirken realistisch, sachlich, nüchtern; sie können viele positive Eigenschaften besitzen, wie beispielsweise Verläßlichkeit, Bildung, Intelligenz, Sprachbegabung und Wissen, Aktivität und Sportlichkeit, Geselligkeit und Welterfahrenheit, aber es fehlt ihnen die Emotionalität, es fehlt eine Resonanz in ihrer Seele. Sie sind nüchtern und können im Beruf sehr erfolgreich sein, aber haben einen blinden Fleck in ihrer Seele. Mit anderen Worten: Sie sind seelisch nicht ausgereift, weil die Emotionen nicht zugelassen werden; diese Freiheit fehlt, weil sie sich diese Offenheit nicht gestatten. Dadurch sind sie von diesem wichtigen Spektrum des Lebens abgeschnitten.

Warum ist das so? Wie kann es dazu kommen? Sie wohnen in einem schönen Haus mit einem herrlichen Garten, mit einem Teich und alten Bäumen und einer Rosenhecke. All das sehen sie, und sie sagen, es sei schön, aber sie empfinden nichts dabei. Die Schönheit löst in ihnen nichts aus. Es ist ihnen wichtig, daß es ihr Besitz ist – das macht sie stolz –, aber sie empfinden keine emotionale Freude. Das ist große Unfreiheit.

Versucht man, solchen Menschen ihre Unfreiheit bewußtzumachen, stößt man auf Unverständnis. Sie amüsieren sich vielleicht sogar über eine derartige ›Gefühlsduselei‹, eine derartige ›romantische Sentimentalität‹. Mit solchen Begriffen wird das Seelische oft abgewertet. Je mehr Enthusiasmus du einsetzt, um ihnen die Schönheit der Empfindungen zu schildern, um so kühler werden sie. Sie bezeichnen dich dann letztlich als ›Schwärmer‹. Sei dann nicht verletzt, denn sie verstehen dich nicht. Oft wollen sie auch nicht verstehen, denn sie haben durchaus eine Ahnung davon, aber sie entwickeln Widerstände dagegen und ziehen es deshalb ins Lächerliche. Sie spüren, daß es etwas gibt, zu dem sie keinen Zugang haben, weil sie in Gefangenschaft leben.

Die Freiheit, die ich meine, ist diese innere Freiheit zu den elementaren Regungen deiner Seele, ist dort, wo die Gefühle auf dich warten, dort, wo du ursprünglich bist, bei deinem Glück, deinem Leid, bei Freude, Ekel, Genuß und

Sein. Frei ist ein Mensch also nur, wenn er dort zu Hause ist, wenn er sich öffnet, wenn die Sinnesreize bis auf seinen Grund gehen – und wenn er von diesem Grund wieder zum Geist geht, dann ist das gesamte Spektrum frei, dann wird er vom Leben ganz durchpulst. Nur diese Freiheit gibt dir ein Glück, das nicht oberflächlich ist. Etwas zu erlangen, das mit Besitz und Haben zu tun hat, ist nichts im Vergleich zu diesen Gefühlen, die dir das Leben schenkt. Du mußt nichts dafür leisten. Es ist vorhanden, und du brauchst es nur in dich eindringen lassen.

Wenn du frei bist, dann wirst du beschenkt. Wenn du unfrei bist, dann mußt du kämpfen und planen, nüchtern abwägen und dich festbeißen. Es macht diese Leistungsmenschen natürlich ärgerlich und eifersüchtig, daß einer Glücksgefühle geschenkt bekommt, die sie trotz aller Anstrengung und allen Statussymbolen nicht erhalten. Oft ist es sogar so: Je mehr einer äußere Symbole erringt, desto mehr stumpft seine Seele ab, desto mehr ›genießt‹ er immer oberflächlicher.

Wir leben zwischen den Polen Streben und Wollen, also Erringen und Haben, oder Nichtwollen und Sein. Wer sich verkrampft, wird unfrei. Deshalb kannst du durchaus im Sein leben und dennoch im Bereich des Erringens Erfolg haben. Das kommt dem Stein des Weisen schon sehr nahe.

Zuerst kommt die Freiheit, und danach wird alles andere folgen. Du kannst durchaus in äußerer Gefangenschaft leben, wenn du innerlich frei bist. Das ist von Bedeutung, und das ist es, was ich dir vor allem vermitteln will. Äußere Erfolge kommen und gehen, aber deine seelisch-emotionale Freiheit bleibt. Verkaufe deine Seele nicht um des äußeren Erfolges willen an Pläne, Pflicht und Disziplin. Was hilft dir dieser Erfolg, wenn du seelisch erblindest? Aber gehe aus der seelischen Freiheit heraus – ich betone: aus ihr heraus – das an, was dir im Augenblick wichtig ist. Dabei ist das

Wichtigste oft das Unangenehmste. Dennoch solltest du es zuerst anpacken. Widme dich deinem Unangenehmsten. Bleibe frei, offen und sensitiv, und gehe das Unangenehmste zuerst an. Das ist Verteidigung der Freiheit. Dann handelst du aus der Seele heraus über den Verstand und nicht über den Verstand unter Abspaltung der Seele. Das liest sich einfach, aber wir müssen uns damit weiter befassen, um es wirklich tief innerlich als Erkenntnis und Erleuchtung zu verstehen.

12.
Hat Freiheit etwas mit Offenheit des Geistes oder der Rationalität zu tun?

Die Fähigkeit, intelligent zu denken, Probleme mit Hilfe des Verstandes zu lösen, ist, im Vergleich zu den Tieren, das herausragende menschliche Merkmal. Deshalb spielt die Intelligenz für den Menschen als ›Ideal‹ eine wichtige Rolle. So ist es beispielsweise die Aufgabe der Schule, die Intelligenz zu fördern und zu trainieren. (Ich will an dieser Stelle nicht über Ergebnisse der Intelligenzforschung referieren, denn ich bin auf diese Thematik in meinen Büchern *Der Begabungstest* und *Intelligenz*, beide im ECON Verlag erschienen, ausführlich eingegangen.) Intelligenz ist eine Fähigkeit des Denkens, konkrete Aufgaben zu lösen, auch wissenschaftliche Fragen zu stellen und mit Forschungsmethoden zu beantworten. Zum Bereich der Rationalität, also des Denkens, gehört auch die Kreativität. Wenn sich Intelligenz und Kreativität miteinander verbinden, kann ein Problem auf neue Art gelöst werden. Es werden neue Wege ausprobiert, und auf diese Weise können Entdeckungen und Erfindungen gemacht werden.

Um kreativ zu sein, ist die Freiheit erforderlich, sich von konventionellen und traditionellen Wegen zu lösen. Diese Freiheit bedeutet, vorgegebene Pfade zu verlassen und ein Problem unter anderen Aspekten zu sehen. Diese kreative Gelöstheit ist eine besondere Begabung, die jedoch nicht angeboren ist, sondern bewußt gefördert werden muß. Auf

Schule und Hochschule wird sie aber so gut wie nicht gefördert, weil ihre Bedeutung entweder nicht erkannt wird oder weil man glaubt, daß dies eine subjektive Fähigkeit sei, die man nicht fördern könne.

Das Schulungssystem sieht seine vorrangige Aufgabe darin, Wissen und Information zu vermitteln, also Basiswissen zu übermitteln, damit jeder einzelne daraus schöpfen kann, wenn er es benötigt. Deshalb wird in Prüfungen Reproduktion gefordert und nicht Produktion. Ich finde das bedauerlich. Andererseits verstehe ich den Standpunkt der Ausbildungsinstitutionen, die Wissen vermitteln sollen. Was der einzelne mit diesem Wissen macht, ist dann seine Sache. Man stellt sich auf den Standpunkt, daß besonders Interessierte dieses Wissen etwa als Forscher erweitern, etwa bestimmte Denkansätze revolutionieren, sofern sie eben ›Genies‹ sind. Das ›Genie‹ wird statistisch als ein seltenes Ausnahmephänomen gesehen, und es wird gern gesehen, weil es Entwicklungen kreativ bereichert. Doch obwohl es gern gesehen wird, gibt es keine Institution, die kreativ begabte Menschen fördert.

Warum sind wir eigentlich so bescheiden? Läßt sich Genialität nicht lehren, weil es sich um eine angeborene Sonderbegabung handelt? Ich meine, Genialität ließe sich sehr wohl als eine Lehre der Freiheit und der Offenheit vermitteln. Was ist Genialität? Es ist die Fähigkeit, das vorhandene Wissen zur Kenntnis zu nehmen, es im Gedächtnis abzuspeichern, und es ist die Offenheit, damit revolutionär umzugehen, damit zu jonglieren und so auf gelöst-spielerische Weise neue Aspekte sichtbar werden zu lassen und somit auch neue Gedankenwelten zu erschließen. Die Genialität kennt zwar alle Regeln, aber sie erweitert sie, stößt sie eventuell auch radikal um, nähert sich aber auf jeden Fall einem Problem unter anderen Blickwinkeln.

Die Fähigkeit zu schauen ist dabei von großer Bedeutung. Das Wissen von einzelnen Daten wird zu einer Struktur zusammengefaßt, und diese Struktur kann im Geist bewegt werden – so erschließen sich neue Sichtweisen. Denken nicht nur als Denkvorgang gesehen, sondern als ein Akt der Freiheit. Diese Freiheit ist das einzige Geheimnis der Genies. Das Genie besitzt die Fähigkeit, traditionelles Wissen in einer inneren Vision durch seine psychische Freiheit zu drehen und zu wenden. Das Genie hat entdeckt, daß Realitäten nicht nur außen bestehen, in Fakten, Statistiken und Zahlen, in Daten und Computerbildern, sondern, davon losgelöst, in den Gedanken oder Vorstellungsbildern verändert werden können. Somit erfaßt das Genie Realitäten und kann mit ihnen innerlich flexibel umgehen. Geniale Lösungen erscheinen vor dem nach innen gerichteten Auge und bauen sich dort auf oder zerfallen wieder. Das äußere Sehen ist notwendig, aber die innere Schau ist die Krönung.

Wer nur nach außen blickt und die Blütenblätter zählt, wird nicht genial erleuchtet. Wer aber nach der Numerierung der Blütenblätter nach innen schaut, wird, über das Äußere hinaus, mehr erfassen.

Und nun kehren wir zurück zur psychischen Situation, von der dieses Buch berichten will. Dein(e) Freund(in) hat dich verlassen; sie/er zählt dir diese und jene Gründe dafür auf; das sind die sogenannten Fakten. Wenn du bei diesen Fakten stehenbleibst, wirst du nicht verstehen können, was geschehen ist. Du mußt dich ganz öffnen, um wirklich zu verstehen, mußt die Fakten also mit deinem inneren Auge sehen. Das geht über die Rationalität weit hinaus – und hier gelangen wir in den Bereich der Freiheit. Wenn du dich an die Fakten klammerst, an konkrete verbale Äußerungen, dann bist du zwar Realist, aber du kannst nicht wirklich kreativ und schöpferisch verstehen. Es soll nicht in Frage gestellt werden, was konkret gesagt wurde – das steht als Faktum fest. Aber welche Wirklichkeit verbirgt sich dahinter? In welchen Zusammenhängen ist das zu sehen? Wie ernst ist es zu nehmen, was ein Mensch in einer Situation sagt? Welche Motive stehen dahinter? Wie frei ist er, und wie frei bist du? Das spielt eine wichtige Rolle bei dem Versuch, hinter eine Problematik zu schauen.

Freiheit geht über Kreativität des Denkens weit hinaus. Es gibt in unserer Sprache kein exaktes Wort dafür; deshalb sage ich Vision. Du kannst durchaus eine Vision davon haben, wie Fakten zusammenhängen. Ein Nachttraum etwa kann dir diese Vision vermitteln. Du wachst schweißgebadet auf und spürst Angst, denn du fühlst, ›sie‹ wird dich verlassen – vielleicht, weil du keinen Erfolg hast, weil du ihr keine Sicherheit bietest, weil du derzeit kein Kind möchtest. Sie hat dir ferner gesagt, du hättest diese und jene Fehler, würdest das und jenes nicht richtig machen und bestimmte Freunde von ihr nicht schätzen. In dieser Vision siehst du, daß du nicht der richtige Typ Mann bist, daß sie sich von Männern, die ganz andere Merkmale besitzen als du, erotisch angezogen fühlt.

Das ist Offenheit des Geistes und Freiheit. Diese Freiheit kannst du nicht über Denken und Nachdenken erlangen; hier bringt dich Intelligenz und Rationalität nicht weiter. Die Freiheit, Visionen zuzulassen, ihnen nachzugehen, das ist wahre geistige Freiheit.

Es ist Vertrauen zu dir selbst erforderlich. Du vertraust auf deine Gefühle und dein Schauen. Jetzt habe ich erstmals die Emotionen mit einbezogen. Es geht nicht ohne sie. In der Wissenschaft, im Forschungslabor kannst du sie ausklammern. Aber du bist nicht nur von Beruf Wissenschaftler, Unternehmer oder Fotograf, du bist auch Person, ein Mensch, der nicht nur seinen Lebensunterhalt verdient, sondern ein Lebewesen ist. Du magst zwar intelligent sein, möglicherweise über ein großes Wissen verfügen, auch die Fähigkeit besitzen, sehr logisch zu denken – aber was nützt dir das, wenn deine Partnerschaft gefährdet ist?

Es ist sehr viel Freiheit erforderlich, etwas schauend zu

verstehen. Um diese Öffnung zur Freiheit geht es aber. Deshalb will dir dieses Buch zeigen, wie du mehr und mehr in diese Freiheit gelangst. Die Probleme des Lebens kommen so oder so auf dich zu – das steht fest. Und fest steht auch: Mit der Rationalität allein wirst du hier nicht weiterkommen. Doch es gibt noch die Freiheit. Sie ist der Lichtstrahl, der dich glücklich macht. Von dieser Freiheit, die jenseits von Intelligenz und Rationalität existiert, will ich nun berichten.

13.
Liegt Freiheit jenseits von Intelligenz, Kreativität und Emotion?

Das intelligente Denken läßt wenig Spielraum für Freiheit zu, denn die Regeln der Logik grenzen ein. Durch Denken gelangst du nicht in die Freiheit. Kreativität führt einen Schritt weiter, denn es werden viele Ideen zugelassen, die andere Ansatzpunkte ergeben. Kreativität ist die spielerische Flexibilität des Denkens. Für den beruflichen Erfolg ist Intelligenz, gepaart mit Kreativität, sehr wichtig.

Aber es geht im Leben nicht nur darum, berufliche Leistungen zu erbringen und dadurch erfolgreich zu sein. Ich will berufliche Leistung nicht herabmindern, darf aber darauf hinweisen, daß das Spektrum des Lebens viel mehr umfaßt. Dazu gehören etwa Liebe, Sexualität und Sinnlichkeit, Lebensfreude und Freundschaft, Entspannung und die breite Palette der Emotionalität dazu. Du bist zu einem Teil ein beruflich engagierter Mensch und zu einem anderen Teil Privatperson, bist Individuum.

Der Beruf bringt viele Sachzwänge mit sich. Es geht darum, Termine einzuhalten und Aufgaben zu erledigen. Der Freiheitsbegriff, dem wir uns hier nähern, hat nichts damit zu tun, solche Zwänge zu ignorieren, also etwa nach Lust und Laune Termine zu ignorieren, Aufgaben nicht zu erledigen.

Die Freiheit, von der ich spreche, hat auch nichts damit

zu tun, etwa bestimmte Normen zu mißachten. Das soziale Zusammenleben bringt zwangsläufig gewisse Regeln mit sich, die eingehalten werden müssen. Auch ein Brettspiel, das du in der Freizeit ›just for fun‹ spielst, unterwirft dich seinen Regeln. So kämest du beim Schachspiel wohl kaum auf die Idee, mit einem ›Turm‹ Züge wie mit einem ›Läufer‹ zu machen. Eine so verstandene Freiheit ließe dich schnell zum ›Outsider‹ werden.

Unabhängig von den beruflichen und gesellschaftlichen Spielregeln stehst du aber der Welt und deinen Mitmenschen auch als Individuum gegenüber. Wieviel Freiheit steht dir dann zur Verfügung? Wieviel Freiheit kannst du als Person und Persönlichkeit leben? Hier kommen die Seele und die Emotionalität ins Spiel. Was heißt, seelisch und emotional frei sein?

Dein Denken mischt sich auch in deine Seele ein. Ist es tatsächlich dein Denken? Die Emotionen wie Aggression, Neid, Faszination, Freude, Angst, Trauer etc. sind deine ureigensten, ganz persönlichen Emotionen. Kannst du zu ihnen voll und ganz stehen und sie anderen offen zeigen? Wenn du sie vor dir selbst oder anderen zu verbergen trachtest, dann bist du nicht frei, denn das Denken wertet deine Emotionen ab.

- Angst darf ich nicht zeigen, denn sie wird als Schwäche ausgelegt.
- Aggressionen sollte ich nicht zeigen, denn dann verrate ich zuviel von mir.
- Neid kann ich nicht zeigen, denn dann erscheine ich nicht überlegen.
- Trauer sollte ich nicht zeigen, denn dann bin ich in den Augen der anderen ›nicht gut drauf‹.

Du siehst dich mit den Augen der anderen, und diese wertenden Augen dringen in dein Innerstes ein. Das macht dich seelisch unfrei. Spielregeln im sozialen Zusammenleben zu beachten – das ist in Ordnung und korrumpiert dich nicht. Aber deine Gefühle wie Angst, Neid, Trauer, Unsicherheit, Verzweiflung, Wut nicht offen zuzulassen und ausdrücken zu können, das korrumpiert dich, das macht dich unfrei und nach und nach psychosomatisch krank, das schnürt dir den Hals zu, nimmt dir die Luft zum Atmen, läßt dein Herz schneller schlagen, läßt dich nachts oft aufwachen, treibt deinen Blutdruck in die Höhe, macht deinen Magen nervös, verursacht dir Kopfschmerzen, macht dich impotent oder frigide, läßt dich stottern, treibt dir den Schweiß auf die Stirn oder in die Handflächen.

Wie können wir dem begegnen? Wenn du nicht offen mit dir selbst umgehen kannst, wirst du einen Arzt aufsuchen und dir Medikamente verordnen lassen – und greifst mit Chemie in die Prozesse deines Körpers ein (auch das ein Akt der Unfreiheit). Du gestattest es, daß über deine Blutbahn die Organe chemisch beeinflußt werden, läßt dich also manipulieren. Du gibst deine Freiheit auf und lieferst dich einem chemischen Prozeß aus. Bitte verstehe mich jetzt nicht falsch: Chemische Angriffe auf Viren sind ein Segen der pharmakologischen Forschung; Tetanusimpfungen sind notwendig, um den Wundstarrkrampf zu verhindern; Schmerzmittel sind nach einer Operation absolut segensreich, um dir Erleichterung zu verschaffen; du kannst den Blutdruck medikamentös senken, um eine Thrombose nach einer Operation zu verhindern.

Was ich vermitteln will, ist deshalb so schwer zu erklären, weil immer wieder solche Gegenargumente mühselig und zeitraubend entkräftet werden müssen. Also nochmals: Die großen Leistungen der Medizin und der Pharmakologie sollen nicht bestritten werden. Wenn du Ängste oder Aggressionen fühlst, dann ist das etwas anderes, es handelt sich hier um eine völlig andere Dimension. Die Welt der

Emotionen ist dein Ureigenstes. Hier darf nicht chemisch eingegriffen werden (von psychiatrisch zu behandelnden Besonderheiten abgesehen).

Deine Emotionen sind das kostbarste und ureigenste Persönliche, was du hast. Das gilt es zu verteidigen. Ich verstehe mich als Anwalt des Individuums und der Seele. Das Seelische, also Emotionale in dir – das ist deine Chance, zur Freiheit zu gelangen. Und diese Freiheit zu verteidigen, für sie zu sprechen, sie herauszustellen geschieht meinerseits nur, weil darin das Geheimnis des menschlichen Glücks verborgen liegt.

Es ist notwendig, einen ganzen Wust von Argumenten auszuräumen, Mauern einzureißen, um zum Kern der Person und zum menschlichen Seinszustand vorzudringen. Diese Freiheit (zu der wir vordringen) liegt jenseits von Intelligenz, Rationalität und Kreativität, also jenseits von der Leistung des Geistes. Wir sind stolz auf den menschlichen Geist; das ist die eine Seite. Aber davon unabhängig dürfen wir auch stolz sein auf unsere Emotionalität; das ist die andere Seite. Wir dürfen also nicht einseitig werden. Der Weltmeister im Weitsprung etwa kann nicht sein menschliches Sein auf den Tag dieser Leistung und diese Goldmedaille reduzieren.

Das Leben geht in seiner Vielfalt von Sekunde zu Sekunde weiter. Du kannst dieses Leben nicht auf eine Leistung reduzieren. Wir dürfen natürlich stolz sein auf unsere Intelligenz, aber wir sollten auch stolz sein auf unsere Emotionen und auf alles, was damit verbunden ist. Wenn wir zu unseren Gefühlen vordringen, sie also voll und ganz ohne jegliche Wertung zulassen, erst dann sind wir auf dem Weg, Mensch zu werden, zu wachsen, zu reifen, erst dann gelangen wir in eine Region, die viel bedeutungsvoller ist als irgendeine berufliche, sportliche oder künstlerische Leistung. Mit dem Eintritt in diese Freiheit öffnet sich eine Welt, die unerforscht und unermeßlich ist. Das Leben erhält somit eine völlig neue Qualität. Es handelt sich um eine Revolution in uns selbst, die uns zutiefst erschüttert. Erst hinter dieser Erschütterung beginnt unser ureigenstes individuelles Leben, vergleichbar einer Metamorphose, bei der sich zum Schluß die verklebten Flügel öffnen und langsam ausbreiten.

14.
Wie kann ich mich von Denkmustern befreien?

Den Wert der Emotionen habe ich nun eindringlich genug herausgestellt. Wer seine Emotionen nicht zuläßt, sie also verdrängt, verleugnet oder sie beiseite schiebt und sich ablenkt, kann nicht seelisch frei werden. Du mußt dich deinen Emotionen stellen, sie anerkennen, achtsam mit ihnen umgehen, also auf sie achten, sie betrachten. Nur so kannst du sie voll und ganz erleben und nach und nach auch verstehen. So lernst du dein Innerstes ganz konkret kennen. Dieses Wissen kann dir niemand vermitteln. Du mußt es selbst erfahren, um auch darüber sprechen zu können.

Die meisten Menschen legen viel zuviel Wert darauf, die Meinung anderer zu erfahren. Wir sind von frühester Kindheit und Jugend an gewöhnt, von anderen vermittelt zu bekommen, was richtig und falsch ist, in oder out, gut oder schlecht, was anerkannt und nicht anerkannt ist. So wird unser Denken über das Menschsein geprägt. Nicht nur die Erziehungspersonen vermitteln solche Denkmuster eines Menschenbildes, auch das soziale Umfeld der Freunde und Bekannten, die Printmedien und das Fernsehen übermitteln solche Denkmuster via Kommentare, Reportagen, Wissenschaftsberichte, via Magazine, Spielfilme, Talk- Shows. Wir ziehen nicht nur die Konfektionsmode an, die uns die Werbung anpreist, wir nehmen auch die Denkmuster über

Lebensthemen auf und orientieren uns an ihnen. Ich habe das in meinen Büchern als Fremdbestimmung bezeichnet im Vergleich zur Selbstbestimmung.

Du kannst dich von diesen Denkmustern nur radikal befreien, indem du alle, aber auch wirklich alle mit einer Handbewegung vom Tisch fegst. Stelle sie nicht nur in Frage und warte darauf, bis du Zeit hast, einmal darüber kritisch nachzudenken. Wenn du es so siehst, dann wirst du nie Zeit und Muße finden, denn es erscheint dir dann dein Vorhaben jedesmal zu schwierig – und du machst weiter wie zuvor.

Deshalb räume mit jeglicher Fremdbestimmung in dieser Sekunde auf. Lehne sie rundweg ab, und lasse kein Denkmuster über das Leben, die Psyche oder ein Menschenbild mehr gelten. In diesem Moment ist dein Denken von allen Normen, Regeln und Mustern entleert. Das ist der Moment, in dem du in die Freiheit trittst. Es entsteht ein ungeheures Glücksgefühl, aber auch Angst, was nun werden wird, denn du hast keinen ›Krückstock‹ mehr, an den du dich klammern kannst.

Du wirst feststellen, daß du in diesem Augenblick der Entrümpelung deines Denkens von den bisherigen Mustern wacher wirst, denn du gehst nicht mehr abgestumpft die alten ausgetretenen Pfade. Du brauchst jetzt deine Sinne, denn auf die kannst du dich verlassen. Alles um dich herum scheint irgendwie neu gefärbt, du selbst fühlst dich anders, neuer und erfrischter. Es entsteht eine Neugier auf das Leben und dich selbst. Die alten Anschauungen von dir selbst werden fragwürdig, denn wenn andere Meinungen für dich keine Bedeutung mehr haben, siehst du dich selbst in neuem Licht. Es fällt dir auf, wie andere ständig versucht haben, dich zu beeinflussen, du erkennst, was sie dir zutrauen und was nicht, was du angeblich in ihren Augen kannst und was nicht. Du warst abhängig vom Lob der anderen. Lob hat dich bestärkt und Kritik geschwächt.

Vielleicht haben sie dich mit ihrem Lob in eine Richtung manipuliert, die dir nicht zusagte, vielleicht mit ihrer Kritik und Destruktion dich von Wegen abgebracht, die du gerne gegangen wärest.

An dieser Stelle möchte ich auf eines ausdrücklich hinweisen: Wir sprechen von der Seele und der Entfaltung der Persönlichkeit. Bei medizinischen Problemen, bei technischen Fragen oder bei juristischen Konflikten sind Ratschläge und Informationen überaus nützlich. Sie prägen weder dein Denkmuster, noch rauben sie dir deine seelische Freiheit. Wenn dir etwa ein Bergführer rät, diesen oder jenen Weg zu wählen und bei einem aufkommenden Gewitter umzukehren, dann will er dich bestimmt nicht manipulieren oder deine freie Selbstbestimmung beschneiden.

Es geht um die Lebensphilosophie in deinem Kopf. Zu ihr mußt du selbst gelangen, und zwar durch unvoreingenommene Erfahrung. Sich selbst zu finden bedeutet, selbst zu forschen, zu erspüren, auszuprobieren und Reaktionen zu erfahren. Du kannst auch einmal in eine Sackgasse hineinlaufen, um sie kennenzulernen, um zu erleben, daß es für dich eine Sackgasse ist und wie du wieder zurückkommst. In dieser Freiheit und Wachheit ist jeder Fehler, der dann geschieht, gar kein Fehler, sondern eine wertvolle Erfahrung. Es ist sehr viel Selbstbewußtsein erforderlich, gegenüber anderen mit innerer Sicherheit sein Selbst zu leben – und somit auch zu zeigen. Fehler macht jeder, selbst unvergleichliche Besserwisser und destruktive Nörgler, die du überall und in großer Zahl antriffst. Rechne also nicht mit einfühlsamem Verständnis. Da du dich losgelöst hast von der Meinung anderer und sensibilisiert bist gegenüber Manipulation, wirst du dich nicht beirren lassen.

Höre dir jedoch Kritik an. Sie sagt zwar wenig über dich, aber viel über den Kritiker. Ziehe also nicht die Kritik in dich hinein, sondern erforsche den Besserwisser. So lernst du ihn viel intensiver kennen, als wenn er dich loben würde. Gehe auch so distanziert mit dem Lob um, das du erhältst; Lob soll dich nicht beeinflussen können. Erfahre mehr über den Lobenden, und erforsche seine Motive. Lob ist, statistisch gesehen, seltener als Kritik. Oft ist Lob gar nicht wirklich so gemeint, sondern eine Strategie, hinter der die Absicht steckt, dich einzulullen, um von dir etwas zu erhalten.

Lerne durch deine Unabhängigkeit und Freiheit zu durchschauen, was jeweils mit Lob und Kritik wirklich gemeint wird. Durch diese forschende Einstellung, bar jeglichen Vorurteils und jeglicher Wertung, wirst du sensibler und noch aufmerksamer für die Ganzheit. Es zählt nicht, was einer verbal äußert, sondern welche Absicht, welches Denkmuster dahintersteckt. Wenn du diese Motive erkennst, dann entwickelst du sehr schnell praktische Menschenkenntnis.

Auf deinem Weg wirst du wenigen Freien begegnen, die genauso wach sind und forschen. Du erkennst sie an ihrer Offenheit und Toleranz. Vor ihnen brauchst du dich nie fürchten, denn sie haben keine vorgefaßten Meinungen. Sie können zuhören und wollen dich weder belehren noch loben, noch kritisieren. Sie erscheinen dir vielleicht manchmal gleichgültig, ruhig und temperamentlos, aber wenn du sie brauchst, dann belügen sie dich nicht mit irgendwelchen Ausreden. Wenn sie können, dann sind sie da; wenn du sie um einen sachlichen Rat fragst, werden sie gesprächig; wenn du von ihnen über das Weltbild oder das Menschenbild eine Meinung hören willst, werden sie dich mit missionarischem Eifer verschonen und dich nicht zu manipulieren versuchen. Sie sagen dir, was sie fühlen und denken, machen daraus aber keinen autoritären Prägestempel.

15.
Freiheit führt zur Unangepaßtheit. Ist Anpassung aber notwendig, um zu überleben?

E s wird immer wieder der Einwand gegen die Freiheit vorgetragen, daß Anpassung in einer sozialen Gemeinschaft notwendig sei, um in ihr erfolgreich überleben zu können. Wenn ich sage, daß alle konventionellen und traditionellen Denkmuster über Bord geworfen werden sollen, weil sie dich manipulieren und fremdbestimmen, dann ist damit auch die Anpassung an die Normen gemeint. Es besteht bei vielen angepaßten Menschen eine panische Angst davor, zum ›Außenseiter‹ zu werden, als ›andersartig‹ ausgesondert und an den Rand gedrängt zu werden. Diese Befürchtung ist begründet, da die Angepaßten darüber wachen, wie angepaßt oder nicht angepaßt die anderen sind.

Auch in diesem Punkt möchte ich mich deutlich erklären, obwohl es mir etwas Mühe macht. Wenn du etwa auf einen Ball eingeladen worden bist und die Gastgeber um Abendgarderobe gebeten haben, dann solltest du nicht in Jeans und offenem Hemd bis zum Bauchnabel erscheinen und die Gastgeberin beschimpfen, da sie dich nicht einlassen will. Das ist das Thema Spielregeln. Spielregeln zu verletzen hat nichts mit seelischer Freiheit zu tun, die ich hier bewußtmache. Wenn du in deiner Freizeit gerne Fußball spielst, dann ziehst du ja auch Sportkleidung an und keinen Smoking. Solche Äußerlichkeiten werden aber oft als Argument gebraucht, um die Freiheit gegenüber der Anpassung zu attackieren.

Wenn deine Seele, deine Emotionen und dein Geist frei sind, dann bist du nicht mehr angepaßt. Es handelt sich um eine Seinsweise. Dieser Seinsweise ist es gleichgültig, mit welcher Kleidung der Körper bedeckt ist; sie wird davon nicht tangiert. Insofern hat die Kleidung nichts mit Unfreiheit zu tun, denn sie ist etwas Äußerliches. Die Freiheit, um die es mir geht, ist etwas Inneres.

Wer innerlich frei ist, wird andere nicht mit unwichtigen Äußerlichkeiten provozieren. Er wird auch verbal nicht provozieren. Seelische Freiheit ist kein aggressiv-provokanter Akt der Selbstdarstellung. So gesehen, ist also Freiheit unauffällig. Daß du nicht angepaßt bist, muß man nicht an Äußerlichkeiten sofort erkennen. Das heißt nun wiederum nicht, daß du deine Freiheit verbergen sollst. Wer einem seelisch freien Menschen begegnet, wird es an seiner Verhaltensweise, an seiner Gelöstheit, seiner Gelassenheit und seiner Ausstrahlung, an seiner Körpersprache und seinen verbalen Äußerungen früh genug erkennen. Die einen werden das angenehm empfinden und sich davon angezogen, die Mehrzahl aber wird sich davon provoziert fühlen – und entsprechend aggressiv mit verbalen Spitzen reagieren. Es ein regelrechter Test: Wie echt ist diese Andersartigkeit, was steckt dahinter? Da der Getestete anscheinend nicht mehr im Strom mitschwimmt, wird er als etwas Außergewöhnliches registriert.

Warum diese Angst davor? Ich verstehe die Angst, von anderen registriert und möglicherweise abgelehnt zu werden. Ist nicht jedes individuelle Lebewesen aufgrund der biologischen Variationen von Natur aus anders? Ist nicht jede politische Haltung anders gegenüber anderen politischen Richtungen und Religionen? Deine Freiheit besteht darin, überhaupt keiner Richtung anzuhängen. Warum solltest du den anderen nach dem Mund reden? Nur

um ihnen zu gefallen? Anpassung ist ein teuflisches Phänomen – wenn du einmal damit anfängst, dann bist du ein
Gefangener in diesem System.

Wenn du es aufgibst, gefallen zu wollen und die Meinung
anderer zu dokumentieren, damit sie dich akzeptieren,
wenn du einmal die Freiheit erkannt hast, wirst du nicht
mehr in die Lüge zurückfallen, ohne ein unangenehmes
Gefühl zu verspüren. Dieses Gefühl läßt dich leer und ange-
ekelt zurück.

Die psychische Freiheit ist weder ein politisches noch ein
religiöses Programm. Es ist nicht deine Aufgabe, andere zu
missionieren; du brauchst dich nicht hinstellen und eine
überzeugende Rede auf die Freiheit halten. Es genügt allein,
daß dir die Freiheit selbst etwas gibt, dir die Augen öffnet,
dich wach gemacht, deine Sinne entfaltet und dein Leben
bereichert hat.

Komisch, wenn es um Geld geht, das einer erworben hat,
dann denkt er an Festhalten. Wenn es um psychische Freiheit geht, dann denkt man an missionarischen Eifer und
daran, daß derjenige die anderen überzeugen will.

Du brauchst niemanden zu überzeugen, denn dein Selbst
ist allein deine Sache. Deine Emotionen sind in deinem
Inneren. Du brauchst keine Rede halten, kein Gedicht ver-
fassen, kein Heilsprogramm aufstellen. Du hast keine Verpflichtung, deine Gefühle verständlich zu machen. Du
mußt nicht nach außen ›wirken‹, wenn du innerlich glücklich bist. Wenn du dir diese Zusammenhänge bewußt
machst, wird auch allmählich die Angst verdunsten.

Manchmal habe ich den Eindruck, daß die Freien und
Glücklichen ein schlechtes Gewissen gegenüber den
Unfreien und Unglücklichen haben und die Angepaßten
deshalb wach machen wollen. Diese Freiheit aber – ich sage
es nochmals – hat nichts mit einem Programm zu tun,
nichts mit einer Religion. Verschleiße also deine Energie

nicht in Aufklärungsarbeit. Diese Kraft der Aufklärung provoziert die Gegenkräfte, die dich attackieren und dir dein Glück verderben wollen.

Das Glück der Freiheit mit seiner Weite und Unermeßlichkeit, das deine Seele durchströmt, ist dein persönliches Glück. Dieses Gefühl kann nicht übertragen werden. Wir sind jeweils allein mit diesem Glück. Es läßt sich nur von einem Dichter annähernd übermitteln. Aber wer ist schon ein solcher Dichter? Es wäre vermessen, solchen Ehrgeiz zu entwickeln. Es geht um das Erleben, nicht um die Kommunikation dieses Erlebens.

Die Befürchtung, ein Außenseiter zu werden, also an den Rand gedrängt zu werden, ist nicht so schwerwiegend, wie man glaubt. Und selbst wenn, so gibt es Situationen, in denen man die eigenen Gefühle offenbaren sollte – gegen die Mehrheit der anderen. Diese Kraft wirst du erlangen – und auch die Kraft, die Angriffe zu überstehen.

Anpassung – schön und gut. Du weißt aber auch, was für dich selbst wichtig ist. Es kann beispielsweise etwas Schönes sein, wenn jemand die Geduld hat, sich auf der Nase herumtanzen zu lassen. Ich meine die Ästhetik, die sich darstellt, wenn junge Hunde miteinander spielen und die Hündin mit unendlicher Geduld zusieht. Laß die Angepaßten angepaßt sein. Es wird sich nichts ändern, wenn du dich aufregst und daraus ein großes Thema machen willst. Religionen und Parteien sind dogmatisch, aber die Freiheit ist undogmatisch, sie toleriert, sie läßt geschehen und geht ein in ihr eigenes Glück. Die Sonne geht am Horizont unter; die einen schauen fasziniert auf die rotorangefarbene Scheibe, sie spüren den Abendwind und betrachten die Vögel; die anderen grillen Fleisch, trinken Wein oder Bier und reden über Eifersucht in der Ehe. Freiheit ist eine Seinsweise, Anpassung eine Integration im System.

16.
Ist Kunst der Freiheitsraum, der uns erlöst?

Von der künstlerischen Arbeit halten wir sehr viel, hat doch die Kunst einen hohen Stellenwert in der Gesellschaft. Für die bildende Kunst werden große, repräsentative Museen gebaut, und nicht wenige Städte sind stolz auf ihre Kunsttempel. Für die Musik werden Opernhäuser errichtet und für die Schauspielkunst Theatergebäude. Die Städte und Gemeinden fördern künstlerische Einrichtungen mit Subventionen aus ihrem Haushalt. Die Kunst steht also hoch im Kurs, auch wenn in Zeiten wirtschaftlicher Rezession am Kulturetat gestrichen wird.

Welche Bedeutung hat die künstlerische Leistung der Künstler aber tatsächlich? Wie abhängig ist sie von den politischen Verhältnissen und von wirtschaftlichen Aspekten? Wenn der Staat oder die Kirche entscheidet, welche Kunst die wahre oder die richtige ist und welche nicht, dann ist Kunst nicht mehr frei, kann sie für die Freiheit des Geistes und der Seele nichts ausrichten.

In demokratischen Staaten wird die Freiheit der Kunst geschützt. Diesen Schutz brauchen die Künstler; das ist gar keine Frage. Aber arbeiten freie Künstler tatsächlich für die psychische Freiheit der Menschen? Ich denke, daß eher vom Staat unterdrückte Künstler daran arbeiten, will damit aber nicht sagen, daß es besser wäre, wenn Künstler einer totalitären Unterdrückung ausgesetzt würden.

Kunst entsteht von seiten des Künstlers in einem kreativen Prozeß. Da jede Kunst ein Publikum braucht – und auch sucht –, herrschen dann schnell die Gesetze der freien Marktwirtschaft, gehen Kunst und Kommerz eine Liaison ein. So wird ein Gemälde auf dem Kunstmarkt zu einer Ware, die im Wert steigen oder fallen kann. Ein grafisches Blatt ist somit ein Wertpapier, das Kursschwankungen unterliegt. Dabei spielt der Freiheitswert weniger eine Rolle als Gesichtspunkte der künstlerischen Entwicklung auf dem Weltkunstmarkt – es geht um Innovation oder Redundanz. Das Publikum, das Kunst kauft oder für Kunstgenuß bezahlt, läßt sich von Kunstmanagern, Veranstaltern und Kritikern manipulieren. Hoch im Kurs steht, worüber die Presse publiziert. Im ›Kunst-Kompaß‹ der Zeitschrift *Capital* fließen etwa solche Wertmaßstäbe ein. Ich will jedoch dieses Thema nicht weiter detailliert behandeln, denn darum geht es hier nicht.

Betrachten wir die Kunstszene aus der Sicht der Künstler. Ich bin Künstlern gegenüber sehr positiv eingestellt, weil sie schöpferisch tätig sind und sich meist der Problematik des Menschseins und der Gesellschaft annehmen. Viele Künstler reagieren auf Verhältnisse einer Gesellschaft sehr sensibel, und sie verarbeiten auch ihre ureigensten persönlichen Probleme. Das ist legitim. Für viele Künstler ist ihr künstlerischer Ausdruck eine Expression ihrer Seele und damit auch ein großer Teil Selbsttherapie. Auch das ist legitim. Künstler legen den Finger auf die Wunde ihrer und der gesellschaftlichen Probleme. Es wäre ein fataler Irrtum, zu glauben, ihre Aufgabe würde darin bestehen, nur das Schöne und Gute darzustellen oder auszudrücken.

Mit dem Begriff ›Kunst‹ ist der Begriff ›Ästhetik‹ assoziativ verknüpft. Es wird aber – das habe ich in Diskussionen oft beobachtet – unter Ästhetik stets nur das Schöne verstanden. Im Sprachgebrauch hat es sich eingebürgert, dann von ästhetisch zu sprechen, wenn etwas angenehm, harmonisch und schön erscheint. Unter einem ›ästhetischen Gesicht‹ versteht man ein schönes Gesicht. Ästhetik ist jedoch – so der wissenschaftliche Begriff – die Lehre von der Schönheit und der Häßlichkeit. Die Kunst stellt sowohl Schönheit als auch Häßlichkeit dar. Das Häßliche wertet ein Kunstwerk also nicht ab. Hieronymus Bosch etwa hat das Grauen gemalt, Pablo Picasso etwa hat die Häßlichkeit dargestellt (natürlich nicht nur; es wird dann immer wieder die blaue und die rosa Periode seines Schaffens angeführt). Künstler sind keine Diener der Schönheit; sie stellen auch die Abgründe, den Schrecken, das Entsetzen und die Häßlichkeit dar. Nur dem ›Kitschkünstler‹ geht es allein um die Schönheit und das Gefällig-Dekorative. Das ist es aber, was für viele Menschen an erster Stelle steht – ob sie nun ins Theater gehen, Musik hören, Gemälde erwerben. Deshalb sind die Medien, die um den Verkauf ihrer Produkte ringen, dem Kitsch so sehr verfallen, da sie sich nach dem Geschmack des breiten Publikums zu richten haben. Der Künstler, der sich nicht dem Kitsch verpflichtet fühlt, muß sich allerdings nach ›seinem Publikum‹ richten, nach dem jeweiligen Trend, und er ist gezwungen, der Innovation hinterherzujagen, um am Kunstmarkt bestehen zu können.

Welcher Unterschied besteht also zwischen einem Künstler und einem, der sich dem Kitsch verpflichtet hat? Die Unterhaltungsstars, die einen Schlager über Liebe, Herz und Schmerz singen, bezeichnen sich auch als Musiker und Künstler. Sie werden zwar von den ›ernsthaften‹ Künstlern nicht für voll genommen, aber sie verschmerzen das durch die Honorare, die sie für Auftritte und Tonscheiben kassieren. Pop-Musiker werden von der ›feinen Gesellschaft‹ akzeptiert, und sie werden in TV-Unterhaltungsshows als ›Prominente‹ eingeladen und dort hofiert. Keiner macht sich Gedanken darüber, ob hier Kitsch serviert wird. Erfolg – und mit dem Erfolg verbundene Einkünfte – ist das Goldene Kalb, um das sich die Gesellschaft, Beifall klatschend, versammelt. Ist das die Freiheit? Können uns diese Unterhaltungskünstler davon etwas vermitteln?

Ich möchte nun zu den ›ernsthaften Künstlern‹ zurückkehren, die die Problematik und die Konflikte ihrer Seele verarbeiten und nicht auf einen schnellen Medienerfolg schielen, die ihre kreativen Kräfte voll und ganz der Gestaltung widmen, auf der Bandbreite der Ästhetik spielen und innovative Wege gehen, also neue Möglichkeiten der Gestaltung erforschen. Sie führen uns das menschliche Sein vor Augen, wie es wirklich ist. Das Häßliche, die Probleme und die Konflikte sind für sie, im Gegensatz zu den ›Kitschkünstlern‹, nicht tabu. Aber können sie uns Freiheit vermitteln? Macht uns eine innovativ-expressiv gemalte Bordellszene im Berlin der dreißiger Jahre wirklich frei? Eröffnet die Kunst einen Freiheitsraum, der uns hilft, selbst erotisch freier zu werden? Wir sind von der Darstellung des Bildes ergriffen und fasziniert, das Theaterstück macht uns betroffen, der Roman erschüttert uns und macht uns nachdenklich – das ist die Wirkung großer Kunst. Aber macht uns ein großartiges Werk von Picasso – und es gibt Hunderte davon – wirklich frei?

Ich liebe Kunst als Ausdruck der wunderbaren Gestaltungen der menschlichen Seele, schätze Künstler in ihrer Individualität und ihrem Ringen um ihr Selbstverständnis, ihr Zeitverständnis und ihr Gesellschaftsbild. Diese künstlerischen Ambitionen sind nicht hoch genug zu schätzen. Deshalb muß für Künstler dieser Freiraum, Individualität auszudrücken, Kritik zu üben, die eigene Problematik mit dem Leben expressiv und exhibitionistisch zu offenbaren, mit allen Mitteln offengehalten werden. Ein moderner demokratischer Staat, der die Künstler unterdrückt, würde sich auf Dauer in Frage stellen.

Aber von der Kunst Erlösung unserer subjektiven Problematik zu erwarten, das hieße, die Kunst zu überfordern.

Darin liegt nicht ihre Aufgabe und auch nicht ihre Größe. Da das künstlerische Schaffen und seine Produkte Therapieversuche am Leiden sind, sollten wir dieses subjektive Ringen verstehen. Die Kunst bietet also keine Lösungen. Das ist auch gar nicht ihre Aufgabe. Sie stellt nur dar, entweder ehrlich und wahrhaftig (also Kunst) oder geschönt, vergoldet, rosa, freundlich, optimistisch, unterhaltend (also Kitsch).

17.
Macht Kitsch
die Seele frei?

Ich sagte, daß Kunst die Seele nicht frei machen kann und daß darin auch nicht ihre Aufgabe besteht. Im September 1994 war ich eine Woche in Venedig und habe hier die ›Kunstdenkmäler‹ auf mich wirken lassen. Der Markusplatz, der Dogenpalast, die Basilica di San Marco und der Campanile sind Zeugnisse einer beeindruckenden Architektur, und die hohe Säule am Meer mit dem geflügelten Löwen sieht sehr gewaltig aus. Den Dogenpalast und die Basilica ›mußte‹ ich ›natürlich‹ auch von innen besichtigen. Hier haben viele Kunsthandwerker der damaligen Zeit großartige Gemälde und Skulpturen geschaffen. Warum wurden diese künstlerischen Leistungen vollbracht? Um der Kunst willen? Das wäre viel zu kurz gedacht. In erster Linie um der Repräsentanz willen, handelte es sich doch bei den Kunstwerken um Aufträge der Kirche und Aufträge der staatlichen Macht, der damaligen venezianischen Republik mit dem Dogen an der Spitze.

Den Kunsthandwerkern ging es gar nicht darum, Kunst zu schaffen, sondern eine mit dem Auftraggeber besprochene hervorragende Marmorskulptur oder ein Dogenporträt zu gestalten. Hierbei spielte der damalige Zeitgeschmack eine Rolle, auch der Wille, den Palast prächtig dekorativ auszugestalten, um die Handelspartner Venedigs zu beeindrucken. Die Macht wollte sich repräsentieren.

Um nichts anderes ging es auch der Kirche. Mit Bildern, Skulpturen, Holzschnitzereien und Marmormosaikböden sollte den Gläubigen ein ehrfurchtsvoller Schauer über den Rücken laufen, um damit Zweifel jedweder Art wegzuwischen. Ein solches gewaltiges ›Gotteshaus‹ erschlägt den Normalbürger, und es entsteht über die Gefühle der Eindruck von gewaltiger Repräsentanz der Religion und ihrem Reichtum. Vielen ›einfachen‹ Menschen stellt sich dann gar nicht die Frage: Woher kommt das Geld, mit dem die Handwerker bezahlt werden mußten? Der Doge hat es jedenfalls nicht aus seiner eigenen Tasche bezahlt und der Papst in Rom auch nicht. Aber das nur am Rande, denn unser eigentliches Thema ist ein anderes. Ich behaupte, diese Repräsentationssymbole der Macht sind bewußt angefertigter Kitsch. Das soll die handwerklichen Meisterleistungen der Künstler nicht schmälern. Das Können dieser Kunsthandwerker war großartig und ist bewundernswert.

Wenn man den Dogenpalast verläßt und die schmalen Gassen Venedigs betritt, um zur Ponte di Rialto zu gehen, dann bummelt man an unzähligen Geschäften und Boutiquen vorbei. In den Schaufenstern massiert sich der Kitsch: bunte Gläser aus Murano, Karnevalsmasken in Hunderten Varianten, Nachbildungen des geflügelten Löwen aus Messing, Ölgemälde und Radierungen mit Motiven der Basilika und des Dogenpalastes, Fotos vom Markusplatz, Karnevalskalender, Repliken der Gondeln und der Rialtobrücke im Miniformat. Dieser Kitsch wird hier feilgeboten, nicht weil die Italiener einen schlechten Geschmack hätten, sondern weil diese Dinge von Touristen gekauft werden.

Venedig ist aufgrund seiner Gesamtkonzeption zu einem der meistbesuchten Touristenorte Europas geworden. In seinen Gassen siehst du Amerikaner, Japaner, Engländer, Franzosen, Holländer, Spanier, Menschen aus allen sozialen Schichten dieser Länder – und alle sind sie Kunden in den Kitschläden. Es handelt sich also nicht um ein nationales, sondern um ein internationales Phänomen, daß Kitsch so anziehend wirkt und viel Geld dafür ausgegeben wird. Warum lieben die Menschen diesen Kitsch, warum werden sie davon angezogen? Was gibt er ihnen für ihren Geist und ihre Seele?

Kitsch wird auf den ersten Blick als schön, nett, hübsch, attraktiv, als lustig, dekorativ und anziehend empfunden. Kitsch ist ›irgendwie schöner‹ als die Wirklichkeit und ist als materieller Gegenstand präsent und real. Es ist materialisierter Glamour, den man betrachten und kaufen kann. Kitsch bringt einen Lichtstrahl in den grauen Alltag. Macht uns dieser Lichtstrahl frei?

Ich behaupte, Kitsch macht uns nicht frei, sondern abhängig. Der Staats- und Kirchenkitsch in Großformat läßt uns den Status bewundern und übertölpelt unser kritisches Denken. Der kleine Kitsch in den Läden macht uns für kurze Momente schönheitstrunken und zieht uns in den Bann zu kaufen, weil wir spontan das schön finden, was wir letztendlich nicht brauchen – für uns selbst nicht und für andere eigentlich auch nicht. Oder soll von der Kitschaura etwas abstrahlen und uns erhöhen und unseren Wert steigern, indem wir verschnörkelte und ziselierte Gebilde unser eigen nennen und sie zu Hause auf den Kamin- oder Fenstersims stellen?

Venedig ist eine sterbende Stadt. Die Fassaden der Geschäftssträßchen sehen noch akzeptabel aus, aber wenn du dich mit einer Gondel durch die Kanäle der Stadt fahren läßt, dann wird sichtbar, daß die Bewohner der Häuser in vom Wasser angegriffenen Bauwerken leben, die nur mit sehr großem Kapitalaufwand, wenn überhaupt, zu sanieren wären. Die unteren Stockwerke sind zumeist nicht bewohnbar, weil das Wasser ins Mauerwerk einzieht und an den Wänden hochkriecht. Zwar verdecken die Fassaden der Geschäftssträßchen die Probleme, doch jeder, der sehen will und eine Gondelfahrt für 100 Mark bucht, kann sie sehen. Es ist eklatant: Die Häuser sind marode und nicht mehr zu sanieren. Venedig wird untergehen und kann sich nur noch mit dem Statuskitsch seiner Geschichte und dem Kleinkitsch seiner Läden und Hotels noch einige Jahrzehnte buchstäblich über Wasser halten.

Kitsch als ein goldfarben-glitzerndes Pflaster auf eine eiternde Wunde geklebt – in der Hoffnung, die vermeintliche Schönheit des Pflasters möge die Wunde heilen. Die Wunde ist die Realität und das Pflaster der schöne Schein. Kitsch als Placebo. Und dieses ist wandelbar. Vor sechshundert Jahren hatte Kitsch die Kraft, die Untertanen und die damaligen Handelspartner zu beeindrucken. Heute hat er die Kraft, die Touristen zu begeistern und den Kleinkitsch der Kitschfabrikanten in alle Welt hinauszutragen, um neue Touristen anzulocken, die Venedig unbedingt sehen wollen, als wäre es ein Manko, gelebt zu haben und nicht über die Piazza San Marco gebummelt zu sein.

Ich sage dir, es bedeutet gar nichts, an diesem Ort gewesen zu sein, wenn du nicht frei bist. Nicht der hier auf jedem Meter angebotene Kitsch macht dich frei, sondern dein Bewußtsein macht dich frei von dieser Stadt und frei von ihrem historischen und aktuellen Kitsch. Zum Kitsch degradierte menschliche Werke, die zum Verkauf angeboten werden, machen dich niemals frei. Der Kitsch folgt den Spuren der Abhängigkeit und manipuliert dich in Abhängigkeit.

Vielen Venedig-Liebhabern mag meine Schilderung ernüchternd erscheinen, und es wird mir vielleicht mangelnde Begeisterungsfähigkeit vorgeworfen. Aber ich frage mich: Warum soll ich mich für Kitsch begeistern, der die Bindung an eine falsche Schönheit zur Grundlage hat?

Seelische Freiheit ist auch Freiheit von einem manipulativen Kunsthandwerk und von dem Dogma, etwas schön zu finden, was auf den ersten Blick viele schön finden. Der Ladeninhalt dokumentiert, was jene vielen schön finden, denn nur was verkäuflich ist, gelangt auch ins Schaufenster. Venedig hat Machtkitsch produziert, um in der Welt des ausgehenden Mittelalters und der beginnenden Neuzeit Handelspartner und Potentaten zu beeindrucken.

Wir müssen die Manipulation über unsere Sinne verstehen. Die Natur manipuliert uns nicht; sie ist so, wie sie ist. Aber die Kultur manipuliert uns mit ihren angeblichen Kunstwerken, die zumeist Kitschwerke sind. Deshalb sage ich: Falle nicht auf die Knie voller Bewunderung für eine Marmorstatue oder ein Kreuzigungsgemälde. Befreie dich von den Werken der Menschen. Banal formuliert, handelt es sich um ›Werbebilder‹ der Kirche und des Staates, und Kirche und Staat wollen: Unterwerfe dich, und glaube an unsere Macht. Die Geschäfte wollen: Finde es schön, und kaufe mich. Wir sollen etwas abkaufen, und zwar im doppelten Sinne: dem Staat und der Kirche ihre Kompetenz, über uns zu herrschen, und dem Laden ein kleines ›Kunstwerk‹ zur dekorativen Gestaltung unserer Wohnung. Das alles macht uns nicht frei.

Auf der ganzen Welt zieht kunsthistorischer Kitsch den Warentisch nach sich. Ich lebe in Köln, und ich finde es schade, wie das Wahrzeichen dieser lebendigen Stadt, der Kölner Dom, in Tausenden von Kitschvariationen vermarktet wird. Das Prinzip ist überall und immer das gleiche.

18.
Warum wird das Wissen um die Freiheit der Psyche nicht in die richtigen Bahnen gelenkt?

An dieser Stelle möchte ich eine kurze Zwischenbilanz ziehen. Seit fünfundzwanzig Jahren schreibe ich Bücher, die meine Leser sensitiver und freier machen sollen. Seit dieser Zeit arbeite ich auch in meiner Praxis, in persönlichen Einzelgesprächen, an der Vermittlung jener elementaren Grundlagen, welche helfen sollen, die seelischen Konflikte zu überwinden und ein glücklicheres Leben zu leben, also frei zu werden von Ängsten und Depressionen, von Aggressionen, Ehrgeiz und Sucht, von Liebeskummer und Partnerschaftsproblemen. Über drei Millionen meiner Bücher wurden gekauft und verschenkt und gelesen. Ich habe eine große Resonanz an Briefen und Telefonanrufen meiner Leserinnen und Leser erfahren. Vielen Lesern konnte ich Impulse geben, um sich selbst zu erforschen und glücklicher zu werden, aber auch viele Leser haben diese Impulse empfangen und keine sichtbare Veränderung in sich selbst erlebt. Und ich erfahre noch heute aus Leserbriefen, daß Personen aus meinen Büchern zitieren, die aber dennoch ein aggressives und brutales Verhalten an den Tag legen.

Ich möchte, sozusagen als Antwort darauf, eine kleine Geschichte wiedergeben, die von Buddha (ca. 480 bis 560 v. Chr.), dem Propheten und Religionsgründer, berichtet und in dem Buch *Buddha ohne Geheimnis* von A. Khema, erschienen im Theseus-Verlag, nachzulesen ist.

Eines Tages kam ein Mann zum Buddha, um ihn etwas zu fragen. Er sei schon seit geraumer Zeit sein Zuhörer, habe in den letzten Jahren fast alle Lehrreden mit angehört und dabei viele Mönche und Nonnen aus seinem Gefolge kennengelernt. Ihm falle auf, daß manche der Mönche und Nonnen, die dem Buddha schon seit Jahren folgten und seinen Lehrreden zuhörten, sich um vieles gebessert hätten, sie seien sehr liebevolle, geduldige, mit einem Wort: wunderbare Menschen geworden. Andere, die schon genausolange dabei seien, hätten sich überhaupt nicht verändert und einige sogar zu ihrem Nachteil: sie seien zänkisch geworden, ungeduldig, unangenehm. Wie lasse sich das erklären?

Der Buddha fragte den Mann nach seiner Heimatstadt.

»Ich komme aus Rájagaha.«

»Gehst du noch mal zurück nach Rájagaha?« fragte der Buddha weiter.

»Ja, sehr oft, ich habe dort Familie und Geschäft.«

»Du kennst den Weg also gut?«

»So gut, daß ich ihn sogar nachts im Dunkeln gehen kann.«

»Und wenn dich jemand fragt, wie er von hier nach Rájagaha kommt, kannst du es ihm erklären?«

»Ich glaube kaum, daß ein anderer es besser könnte.«

»Wenn du nun aber«, fuhr der Buddha fort zu fragen, »jemandem den Weg ganz genau erklärst, der aber bleibt in Benares – ist es dann deine Schuld, daß er nicht nach Rájagaha kommt?«

»Nein«, antwortete der Mann, »ich bin ja nur der Wegweiser, ich zeige ihm ja nur den Weg.«

»Ja«, sagte der Buddha, »genauso mache ich es!«

Mir hat diese Geschichte sehr gefallen, weil ich mich und meine Situation als Autor darin widergespiegelt sehe. Ich will Wegweiser sein und den Weg in die Freiheit zeigen, zu einem glücklicheren Leben, und vermittle Gedanken darüber. Die einen sind gelöste, wunderbare Menschen geworden, sind den Weg gegangen; die anderen sind zynisch, zänkisch, verlogen, brutal, aggressiv – sie sind in Benares geblieben. Es wird mir oft vorgeworfen, ich hätte nicht genug dafür getan, daß die Menschen Benares verlassen. Ich bin aber kein Missionar, der Benares schlechtmacht, um alle nach Rájagaha zu schicken.

Ich spreche aus, wie die Verhältnisse in Benares sind, und zeige, wie es anderswo sein könnte. Für viele ist es bequemer, sicherer und angenehmer, in Benares zu bleiben; sie haben alle ihre Gründe. Aber ich vermittle trotzdem das Wissen über Rájagaha. Manche Leser sagen dann: »Was mir der Lauster über Rájagaha sagt, das habe ich alles eh schon gewußt, das ist für mich nichts Neues«, und deshalb bleiben sie in Benares. Ich bezweifle, daß sie es ›gewußt‹ haben, sie haben es höchstens gefühlt. Durch die Vermittlung und Verständlichmachung wurde dieses Gefühl konkretisiert, und sie meinten dann, sie hätten es gewußt, weil es ihnen präsent wurde.

Es ist im allgemeinen menschlich, wenn du jemandem etwas klarmachst und er es verstanden hat, daß er dann sagt: »Das ist ja klar, es ist einleuchtend.« Er tut dann so, als wäre es ihm schon immer klargewesen, weil es so einleuchtend ist, und er kann sich dann plötzlich gar nicht mehr vorstellen, daß ihm das einmal nicht so klar gewesen sein könnte. Wenn du den Menschen klarmachst, daß es nicht gut ist, sein Herz an das Haben zu hängen, dann sagen sie: »Ja, das ist doch klar.« Aber sie hängen dennoch weiter an materiellen Dingen. Dann ist es ihnen vordergründig klar, aber sie haben es nicht wirklich verstanden, nicht mit Einsicht verstanden. Wenn ich sage, Kunst und Kitsch machen die Seele nicht frei, dann wird das verstanden im Sinne von: »Ja, das ist mir jetzt klar.« Aber nur wenigen gelingt es, die ganze Wucht dieser Aussage tiefinnerlich zu erleben, zu erspüren und selbsterforschend zu erfassen.

Deshalb ist das Lesen eines Buches, das Hören eines Vortrags, das Betrachten eines Schauspiels oder Films nicht der eigentliche Vorgang, den ich meine. Wenn du das Gelesene zur Kenntnis nimmst und dich informierst und Wissen speicherst, dann ist das nur der erste Schritt einer sicherlich sinnvollen Sache. Du sagst zu anderen: »Ich habe das Buch [den Vortrag, den Film] verstanden.« Aber hast du die Gedanken wirklich verstanden? Haben die Impulse in dir etwas ausgelöst, das tiefer geht?

Außer dem Zur-Kenntnis-Nehmen muß, so meine ich, noch etwas hinzukommen, nämlich selbst weiter nachzufragen (nicht auf der Informationsebene), also nicht noch mehr Wissen anzusammeln, sondern selbst erforschen, was in der eigenen Seele und im Geist vorgeht. Wie fühlt es sich, von allen Seiten betrachtet, an? Was empfinde ich dabei in mir?

Wir haben das Phänomen Kitsch und Kunst angesprochen. Ich denke, du hast verstanden, was es mit dem Kitsch in Venedig auf sich hat, und du stimmst zu und sagst: »Ja, es ist der Kirchenkitsch, und es ist der Kitsch für die heutigen Touristen.« Aber hast du dabei wirklich tiefinnerlich erlebt, was Kitsch oder Kunst ist? Ist dir der Unterschied wirklich persönlich aufgegangen? Die Unterscheidung zwischen Kunst und Kitsch kann nicht durch intellektuelles Vermitteln über ein Buch, einen Vortrag, eine TV-Sendung wirklich verstanden werden. Du mußt bereit sein, dich von den Impulsen anregen zu lassen, selbst zu erleben und zu erfahren. Du mußt in der Basilika von Venedig stehen und die realen Sinnesreize auf dich einwirken lassen, sie fühlen und erspüren und dann mit den Gedanken vergleichen. Der Gedankenvergleich dreht sich um zwei Dinge: Was weiß ich davon, und was fühle ich dabei? Sind Wissen und Gefühl eins?

Ein Buch über die Freiheit, die Liebe und das Glücklichsein kann sechshundert Seiten umfassen. Du nimmst das alles zur Kenntnis, aber wirst du so frei, liebend und glücklich?

Es gelingt nur über Selbsterfahrung – und das heißt Forschung. Du bist ein Leben lang ein Lernender. Aber mein Begriff von dieser Art zu lernen ist positiv. Die Schule versteht unter Lernen ein Pauken von Wissen, also ein Abspeichern von Daten im Gedächtnis. Darum geht es hier aber nicht. Es wird kein Wissen über Kunst und Kitsch vermittelt, um es zu repetieren für eine Prüfung oder einen Vortrag. Du wirst animiert, den vermittelten Gedanken selbst nachzugehen, sie zu erfühlen in der Realitität. Das ist erlebendes Forschen. Es muß dich persönlich etwas angehen. Wenn du über den Markusplatz bummelst, mit einem Reiseführer in der Hand, und Wissensdaten abhakst, dann hat das keinen Sinn für dich selbst und dein Leben. Über den Markusplatz könnte man leicht dreißig Buchseiten schreiben, um alles aufzuzählen, was dort zu erkennen und zu beachten ist. Du wüßtest dann viel, hättest aber wenig gefühlt und wenig begriffen.

Ich möchte dich herausholen aus dieser Enge. Wissensdaten machen dich nicht frei. Atme kräftig durch, und sieh, höre und fühle alles, was in diesem Moment geschieht. Sieh dich selbst dabei, und betrachte die vielen Menschen auf dem Platz – und du erkennst die Symptome der Zeit, in der du lebst. Das ist ein gewaltiger Vorgang des Erkennens; dieses Erkennen haut dich um. Wissen muß man nur pauken; es ist groß und entmutigend vielfältig. Erkennen aber hat eine elementare Gewalt, die über dich hereinbricht und dir die Tränen in die Augen treiben kann. Diese Erkenntnis ist von unermeßlicher Schönheit; sie überwältigt dich und macht dich zunächst einmal sprachlos. Du kannst diese Gefühlsnuancen nicht in Worte fassen; das ist die erforschende Haltung der Seele. Du bist offen und völlig vorurteilsfrei, die äußeren Dinge auf dich einwirken zu lassen. Forschen heißt, ohne Vorurteile zu sein. Es stürmt auf dich ein, und du stehst da und staunst. Mit dem Staunen beginnt die Freiheit, und im Staunen ist das Forschen enthalten.

Dritter Teil

Macht uns die Liebe frei?

»Das Problem zu erkennen ist wichtiger, als die Lösung zu erkennen, denn die genaue Darstellung des Problems führt zur Lösung.«

ALBERT EINSTEIN

19.
Was verstehen wir
unter Liebe?

K unst macht nicht frei, Kitsch auch nicht. Der Staat macht uns nicht frei – auch nicht die Kirche. Wer macht uns dann frei? Ist es vielleicht die Liebe? Ich muß nochmals über die Liebe einiges mitteilen, obwohl ich darüber vor fünfzehn Jahren ein Buch geschrieben habe, das nach wie vor in seinen Aussagen volle Gültigkeit hat. Im vergangenen Jahrzehnt habe ich in vielen Gesprächen erfahren, daß ich in etlichen Punkten mißverstanden wurde, weil ich mich nicht deutlich genug ausgedrückt habe.

Die Liebe ist kein Problem, sondern ein psychisches Phänomen. Aber die meisten Menschen haben große Probleme mit der Liebe; das erlebe ich täglich in der Praxis. Das Phänomen wird zugedeckt von Problemen, es wird erstickt davon.

Eines der wichtigsten Probleme, die wir mit der Liebe haben, ist die Eifersucht, die aus dem Egoismus entsteht, alleinige Exklusivrechte zu haben und um diese mit aller Macht zu kämpfen – das geschieht in der Liebe zwischen Mann und Frau.

Die Liebe ist zunächst als ein seelisches Erleben zu sehen. Ein Zehnjähriger, der durch den Wald streift und Pilze sucht, erlebt die Liebe zur Natur und zu den Tieren. Vor allem Kinder, die mit einem Haustier leben, einem Hund, einer Katze oder einem Hasen, erfahren dieses Liebesgefühl zu einem Lebewesen. Die Liebesfähigkeit wird also vor der Zeugungsfähigkeit in der Seele bereits entwickelt. Lieben zu können ist etwas Wunderbares; es gibt der Seele ein rundes und warmes Gefühl. Die Liebe wird über unsere Sinne geweckt: Wir sehen eine Landschaft, einen Baum, eine Blüte am Waldrand, es weht ein leichter Wind, die Sonne wirft ihre Strahlen zwischen das Geäst, und wir beobachten einen Vogel. In einer solchen Stimmung kann sich Liebe ausbreiten, ein tiefes Mitgefühl mit der Natur, mit den Pflanzen und den Tieren und ein Glücksgefühl von Dankbarkeit, auf der Welt zu sein, zu atmen und dies alles mit den Sinnen erfahren zu dürfen. Das Leben wird als Geschenk empfunden.

Mit der Pubertät erwacht in uns die Sehnsucht nach dem anderen Geschlecht und nach der Erforschung der sexuellen Geheimnisse. In dem Mädchen entsteht eine Sehnsucht nach dem jungen Mann, in dem Mann die Sehnsucht nach dem Mädchen oder der Frau. Diese Liebe hat eine sexuelle Basis. Die Liebe zwischen Mann und Frau ist erfüllend, wenn dieses sexuelle Verlangen eine Rolle spielt.

Dann wird aber die Beziehung zwischen Mann und Frau kompliziert, da nach der Entfaltung der Sexualität die beiden – falls die Sexualität gefühlstief und beglückend war – näher und näher zueinander finden wollen. Es entstehen also Besitzansprüche: Du gehörst jetzt zu mir, wir gehören zusammen, sind ein Paar, wir wollen zusammenleben und eine Zukunft aufbauen. Damit beginnt der Eintritt in die Welt neuer Probleme, die so alt sind wie die Menschheit. Mehr oder weniger ausgeprägt zieht sich das durch alle Kulturen in der Geschichte.

Mann und Frau treten mit der Sexualität in eine Erlebniswelt ein, die es für das Kind und den Jugendlichen davor nicht gab. Es gab allerdings schon den Egoismus, den Ehrgeiz, das Machtstreben, das Haben- und Besitzenwollen, das Mitgefühl, die Aggressionen und die Trennungsängste.

Verfolgen wir nun wieder die beiden jungen Menschen, die sich gegenseitig gefallen haben und deshalb jetzt ineinander verliebt sind. Sie haben Sex zusammen und teilen damit ein gemeinsames körperliches und seelisches Erleben, das sie noch mehr füreinander begeistert.

Und jetzt setzen die Normen der Gesellschaft ein. Die Liebe zum anderen Geschlecht und die sexuelle Entfaltung sind etwas sehr Schönes. Diese Gefühle, die dann entstehen, sind groß, gewaltig, umwerfend, begeisternd, beglückend. Aber was passiert nun? Du gehörst jetzt zu mir, du bist mein Partner, du hast an meiner Person Exklusivrechte und ich an deiner Person. Und damit wird das, was so wunderbar zart und frei begonnen hat, zu einem Reglement. Sobald ein Hauch von diesem Besitzenwollen hinzukommt, wirft das einen Schatten auf die Freiwilligkeit. Und dieser Schatten wird immer größer, breitet sich aus und verdunkelt letztlich das ganze Leben. So ist diese Liebe im höchsten Maße gefährdet, aus dem strahlenden Licht ihres Beginns in den Schatten zu gelangen. In diesem Schatten gedeiht sie aber nicht mehr. Sie braucht die Freiheit, um atmen zu können. Die Liebe zwischen Mann und Frau ist das freiheitsauffälligste Gefühl von höchster Sensibilität.

Das ist nicht so bei der Liebe zur Natur, zu den Tieren und den Menschen allgemein. Diese Liebe ist rein, wenn sie von einem Mitgefühl für das Leben getragen ist. Diese Liebe geschieht aus Freiheit und in Freiheit. Du gibst dich hin, und es wird dir das Glücksgefühl geschenkt. In der Phase der Verliebtheit ist es ähnlich: Du gibst dich hin, weil du Sehnsucht danach hast, und es wird dir, wenn der andere sich auch hingibt, die Erfüllung geschenkt. Damit ist der Kreis des Glücks geschlossen. Es ist alles in Ordnung, und es gibt kein Problem. Das Glück klingt in Seele und Geist wunderbar angenehm nach, und deine Energien fließen gelöst, frei und unblockiert. Diese Liebe vitalisiert Körper, Seele und Geist.

Wenn du jetzt sterben würdest, dann würdest du dieses runde Glücksgefühl mit in den Tod nehmen. Aber zumeist geht danach das Leben ja weiter. Und was jetzt kommt, wird für die meisten zu einem Sturz aus dem Paradies in die Hölle. Die Probleme, die mit der Liebe zwischen Mann und Frau jetzt verknüpft sind, sind viel gewaltiger und größer als die Glücksgefühle. Deshalb sagen viele zu mir: »O hätte ich mich doch nie verliebt, dann ginge es mir heute besser.«

Was danach folgt, damit müssen wir uns befassen. Wenn die Freiheit der Verliebtheit sich entfaltet, dann ist die Luft wie Samt, und du atmest voller Kraft und Vibration. Da aber die Freiheit sich dann mehr und mehr verringert, atmest du verkrampfter und beengter. Auf diese Weise kann psychosomatisch bedingtes Asthma entstehen und natürlich alle anderen psychosomatischen Störungen (die Symptompalette ist breit und vielfältig). Sobald die Freiheit beschränkt wird, beginnen die Probleme. Deshalb: Verliebtheit läßt Freiheit genußvoll herein. Sobald aber die Liebe auf die Erkenntnis reduziert wird: »Wir lieben uns und sind ein Liebespaar«, entschwindet die Freiheit von Stunde zu Stunde und Monat zu Monat. Dann schleicht sich Unfreiheit mit einem gewaltigen Aufgebot ein und macht die Freiheit zunichte. Es wird schlimmer, als man es jemals erahnen konnte. *Diese* Liebe macht nicht frei – sie macht unglücklich, krank und kostet unter Umständen sogar vorzeitig das Leben. Wer sich verliebt, begibt sich also in allerhöchste Gefahr – und deshalb sollten wir uns damit befassen. Wir brauchen mehr Bewußtheit.

20.
Welche Rolle spielt die Sexualität in der Liebe?

In meiner Praxis berate ich häufig Menschen, die wegen Ehe- und Partnerschaftsproblemen zu mir kommen, und kenne deshalb die Konflikte zwischen Mann und Frau aus allernächster Nähe. Ich möchte ein kleines Beispiel erzählen.

Frau Schmidt (Name geändert) kommt in die erste Beratungsstunde und erzählt von sich selbst und ihrer Ehe: »Wir sind seit fünf Jahren verheiratet. Ich würde meinen Mann als einen guten Menschen bezeichnen. Er arbeitet täglich zehn Stunden, er ist in leitender Position. Er kann gegenüber dem Geschäftsführer einfach nicht nein sagen. Abends ist er natürlich sehr geschafft, und er schaut sich noch einen Fernsehfilm an, schläft aber meist dabei ein. Ein Gespräch über uns und unsere Gefühle ist nicht möglich. Er schweigt sich dann aus und sagt, daß er darüber nicht reden will oder kann.«

Ich frage: »Warum haben Sie Ihren Mann geheiratet?«

»Ich heiratete ihn, weil er auf mich einen verläßlichen Eindruck gemacht hat. Damals hatte ich viele Freunde, die sehr oberflächlich waren. Bei meinem Mann hatte ich das Gefühl, er meint auch, was er sagt, und er steht zu seinem Wort.«

»War das allein der Grund zu heiraten?«

»Mein Mann hat mich verehrt und bewundert. Er sprach

111

von unserer gemeinsamen Zukunft, von einem Leben zu zweit, und er wollte auch Kinder. Das war für mich sehr wichtig, denn auch ich wollte eine Familie mit zwei Kindern. Wir haben auch mittlerweile einen Sohn, den Mark, ein sehr sonniger und lieber Junge, über den ich glücklich bin.«

»Was bedeutet Ihnen die Sexualität?« frage ich.

»Sexualität ist für mich auch wichtig, obwohl ich auf diesem Gebiet noch nie richtig frei war. Mein Mann möchte oft mit mir schlafen, sofern er nicht zu müde ist, aber er sieht die Sexualität als Einbahnstraße, so schnell wie möglich zu seinem Orgasmus zu kommen. Ich fühle mich dann wie ein Objekt, das zu seiner Befriedigung herhalten muß.«

»Haben Sie auch einen Orgasmus?« frage ich.

»Mir geht das alles zu schnell, ich brauche mehr Stimulation. Ich möchte mehr gestreichelt werden. Meine sexuellen Phantasien gehen andere Wege, und die lassen sich nicht verwirklichen. Aber ich darf mich eigentlich nicht beklagen, denn mein Mann meint es gut. Ich könnte mit ihm über meine Defizite nicht reden; ich glaube, er würde es nicht verstehen in seiner rechtschaffenen Art. Er ist davon überzeugt, daß er es so richtig macht und ich zufrieden sein müßte.«

»Lieben Sie Ihren Mann?« frage ich.

»Es ist für mich schwierig, darauf zu antworten. Ich mag ihn, ich respektiere ihn. Er ist ein guter Mensch, mit wertvollem Charakter. Ja, ich mag ihn.«

»Meine Frage war: Lieben Sie Ihren Mann?«

»Das ist irgendwie schwierig. Was ist Liebe? Wer weiß schon, was Liebe ist?«

»Wenn Sie sich so ausdrücken, dann sage ich Ihnen, Sie lieben Ihren Mann nicht. Wer liebt, der sagt nicht, daß er mag, und er fragt auch nicht, was Liebe ist, denn er fühlt sie und spricht nicht von mögen, sondern von lieben.«

»Jetzt haben Sie mich ganz betroffen gemacht. Sie stoßen

mich in eine Verwirrung. Sagen Sie mir, was Liebe ist, wer kann das sagen, wer kann das genau begründen?«

»Sie sollten sich damit befassen. Sie können Liebe nicht über die Ratio definieren, sondern sie nur sensitiv fühlen. Es geht nicht um eine Definition fürs Lexikon, sondern darum, ob Sie Ihren Mann ganz subjektiv und individuell lieben. Sie mögen ihn, Sie schätzen ihn, seine positiven Charaktereigenschaften, aber Sie lieben ihn nicht.«

»Das erschreckt mich.«

»Ich weise Sie auf etwas hin, das Sie erschrecken kann oder Sie zum Erzählen von Ihrer Liebe motivieren könnte. Sie mögen Ihren Mann, Sie schätzen ihn als guten Freund. Das ist in Ordnung. Er ist Ihr verläßlicher Partner, aber Sie lieben ihn nicht, wenn man die Liebe zwischen Mann und Frau, also die erotische Geschlechterbeziehung, als Maßstab anwendet.«

»Ja, so liebe ich ihn nicht. Ich liebe ihn als Freund und Partner, aber eine erotisch-sexuelle Erfüllung oder Anziehung besteht nicht. Ich träume manchmal nachts von anderen Männern, die mich sexuell erregen.«

An dieser Stelle möchte ich mich aus dem Gespräch ausblenden, um etwas Allgemeines dazu zu sagen. Die Liebe zwischen Mann und Frau ist etwas ganz Besonderes, und wir sollten ein umfassenderes Verständnis dafür erlangen. Wir können sehr liebesfähig und sensitiv sein und dennoch den Partner in unserer Nähe nicht lieben. Liebesfähigkeit allein reicht also in der Geschlechterbeziehung nicht aus. Den anderen zu schätzen, ihn zu verehren, ihm zu vertrauen, ihn für einen guten Menschen zu halten, das alles kann auch Erotik erzeugen, muß aber nicht. Die Sexualität ist etwas ganz Eigenständiges. Erst dann, wenn erotische Anziehung und sonstige Wertschätzung sich vereinigen, entsteht Liebe zwischen Mann und Frau. Und darum geht es. Wer seinen Gefühlen lauscht, der findet das intuitiv heraus.

Er fragt nicht lange nach, sondern lebt sein Gefühl aus. So spontan und direkt verbunden mit der elementaren Basis sind aber nur wenige Frauen und Männer. Deshalb werden auch so viele Partnerschaften eingegangen, in denen Sexualität und Verstand im Vordergrund stehen, und deshalb haben es die meisten Partnerschaften schwer, sich im Alltag zu behaupten. Es besteht ein ständiger Widerstreit zwischen Vernunft und Emotionalität. Wir mögen eine Frau oder einen Mann, wir leben Sexualität mit ihr oder ihm, aber wir fühlen, daß uns dennoch etwas fehlt. Nicht daß ich die Sexualität zu hoch einschätzen würde, denn im Gesamtspektrum des Lebens nimmt sie nur einen Teil ein. Es geht darum, sie nicht überzubewerten.

Aber wenn sie nicht zu ihrem Recht kommt, dann wächst sie in uns an zu einem großen Problem. Wenn die sexuell-erotische Basis nicht gegeben ist, dann ist alles nichts. Also müssen wir die Sexualität in die Liebe integrieren. Ich möchte an dieser Stelle nochmals ausdrücklich betonen, es geht um die Liebe zwischen Mann und Frau. Nur hier spielt die Sexualität eine entscheidende Rolle. Das hat also nichts mit Mitmenschlichkeit und Liebe zur Natur zu tun. Es bedeutet keine Abwertung im Sinne von: Er kann jemanden nicht lieben, er ist liebesunfähig, wenn er seine Frau nicht liebt.

Die erotisch-sexuelle Anziehung spielt nun mal eine elementare Rolle. Das hat nichts mit Oberflächlichkeit zu tun. Im Gegenteil, das ist eine sehr tiefgründige Betrachtung.

21.
Ist unerfüllte Sexualität
ein Problem?

Vor einiger Zeit unterhielt ich mich mit einem Mann über Liebe und Sexualität. Zunächst ging es um ganz andere Themen, um Gesellschaftspolitik und allgemeine Tendenzen in der Wirtschaft. Plötzlich sagte er: »Meine Frau hat mich nur geheiratet, weil es mir wirtschaftlich gutgeht und weil ich ihr eine Absicherung biete, denn sie hätte nicht die Kraft und die Energie, selbst Karriere zu machen. Dazu ist sie zu bequem. Sie hat mich nicht aus Liebe geheiratet; darüber mache ich mir keine Illusionen. Ich habe sie anfänglich geliebt, aber sie konnte mir sexuell nicht das geben, was ich bei ihr suchte – eine frei entfaltete Sexualität. Ich habe immer das Gefühl, daß sie die Sexualität über sich ergehen läßt und im Grunde froh ist, wenn ich meinen Orgasmus gehabt habe und es vorbei ist. Das ist für mich natürlich unbefriedigend, weil ich nicht empfinde, daß sie die Sexualität glücklich macht. So kann ich auch nicht glücklich sein. Dadurch stagniert unser Sexleben.«

»Sie wünschen sich eine Partnerin, die mehr Freude an der Sexualität zeigt«, sagte ich.

»Ich habe sexuelle Wünsche, die ich mit ihr nicht leben kann. Sie zieht einfach nicht mit. Schon die traditionelle Standardpraxis ist ihr nicht angenehm. Also fehlt mir etwas.«

»Lieben Sie Ihre Frau?«

115

»Ich habe sie geliebt, aber ich bin natürlich fremdgegangen, um diese Sexualität bei anderen Frauen zu finden. Mitunter habe ich erlebt, was ich suche. Ich habe mich in andere Frauen auch verliebt. Heute liebe ich meine Frau nicht mehr. Wir sind ein gutes Eheteam, denn sie ist zuverlässig, ehrlich, hat einen guten Charakter. Sie würde sich nicht von mir scheiden lassen, und ich will das auch nicht, denn bei unserer Zugewinngemeinschaft würde ich vieles verlieren, was wir an Vermögen aufgebaut haben. Das muß man ganz nüchtern sehen. Sie hat mich nie geliebt, und ich liebe sie heute auch nicht mehr. Nach außen hin erscheinen wir aber wie ein solides Paar.«

»Sie sind ein gutes Eheteam, wie Sie sagten. Eine sexuelle Erfüllung aber zwischen Mann und Frau gibt es für Sie beide nicht. Ist die unerfüllte Sexualität für Sie ein Problem?«

»Natürlich ist das für mich ein Problem, denn ich will mit vierzig Jahren in Zukunft nicht ohne Sexualität leben. Also spielt sich Sexualität in meinen Gedanken ab. Ich denke öfters daran, als mir lieb ist. Würde ich eine befriedigende Sexualität haben, gäbe es diese bohrenden Gedanken nicht.«

Ich antwortete: »Die Sexualität drängt sich auf, wenn sie fehlt. Wenn man sie hat, dann ist der Kreis geschlossen, und man fühlt sich rund, der Kopf ist frei. Alles, was wir uns wünschen, aber nicht bekommen, ruft Energien hervor, etwas zu ändern. So gelangen wir in Spannung. Erst wenn uns in der Sexualität etwas fehlt, gewinnt sie an Wichtigkeit. Und diese Wichtigkeit kann anwachsen und so unser Leben stören und beeinträchtigen.«

»Was kann man dagegen tun? Wie gelange ich wieder zur inneren Ruhe? Ich sage mir oft, so wichtig ist die Sexualität nun doch auch wieder nicht. Aber sie ist doch wichtig. Ich bekomme sie nicht aus meinem Kopf. Und wenn ich fremdgehe, dann habe ich danach ein schlechtes Gewissen. Die

116

Sexualität ist doch nur ein Teil der Entfaltung im Leben. Aber dieser Teil wird immer größer. Ich bin innerlich nicht frei, mich neu zu verlieben. Eine Prostituierte bringt mir ja nichts. Ich möchte selbst lieben und auch geliebt werden. Die Seele und der Geist sollten mitbeteiligt sein.«

»Diese Spannung wird anhalten. Das läßt sich nicht durch Verdrängung erledigen. Je mehr verdrängt würde, desto stärker würden sich diese vitalen Energien gegen diesen Widerstand wehren. Deshalb ist es gut, daß Sie sich dessen bewußt sind. Wir müssen das Leben selbst arbeiten lassen. Mit dem Verstand kann man hier nichts regeln. Auch der Einsatz des Willens bringt nichts. Sie müssen die Dinge sich entwickeln lassen und sie beobachten. Werten Sie nichts mit irgendeiner Moral. Die Lebendigkeit kennt keine Moral; sie möchte sich nur entfalten, damit Gesundheit bestehen bleibt. Je mehr Druck Sie über die Ratio ausüben, um diesen Vorgang der Lebendigkeit zu steuern oder zu beeinflussen, um so schwieriger wird alles. Die Sexualität ist wie ein scheues Wild. Aus der Emotionalität heraus geschieht sie einfach; wenn die Rationalität auftaucht, wird das scheue Wild verjagt. Unerfüllte Sexualität wird zu diesem Problem, weil sich der Verstand einschaltet und die Lichtung leer bleibt. Aber im Beobachter entsteht das Verlangen danach, das Wild zu sehen. Der Jäger wartet, bis sich das Wild zeigt, aber dann will er es erlegen. Die Ratio ist ein Jäger, und sie tötet das Wild. Der reine Beobachter genießt den Anblick des Rehs und erfreut sich daran. Er läßt es auftauchen und wieder verschwinden. Der Beobachter fühlt sich seelisch reicher. Hingegen hat der Jäger nur ein Erfolgserlebnis (und ein finanzielles Ergebnis, falls es sein Beruf ist).

Ich weiß, daß dieser Vergleich nicht mehr als ein Gleichnis ist. Ich wollte damit nur begreiflich machen: Um ganz sichtbar werden zu können, darf die Sexualität bei ihrer freien Entfaltung in keiner Weise beeinflußt werden. Wir sind die Beobachter unserer eigenen Sexualität; wir lernen sie so kennen und erforschen uns und den Partner dabei. Das ist das Spannende daran. Diese Spannung ist positiv. Anspannung des Verlangens dagegen ist negativ. Wenn aber dieses Beobachten und Forschen nicht zugelassen wird, entweder weil der Partner das nicht möchte oder weil wir selbst es nicht so sehen, dann wächst die Anspannung an. Das Verlangen wird immer größer und die Unerfülltheit immer schmerzlicher. So wirft dieses Problem dann seinen Schatten über unser gesamtes Leben. Unser Wachstum wird dadurch behindert.

Der Körper wehrt sich durch einzelne Symptome aus der reichhaltigen psychosomatischen Palette. Wenn Sie diese Zusammenhänge wirklich verstanden haben, dann verdunstet die Anspannung. Lassen Sie Ihre emotionale Lebendigkeit zu. Das hat nichts mit Ehe zu tun. Über die Ehe denken wir anschließend nach, unter neuen Voraussetzungen. Die Ehe ist das eine, die sexuelle Entfaltung aber das andere. Wenn sie unter dem Hut der Ehe nicht möglich ist, dann ist sie außerhalb des Hutes möglich. Der Verlust von Vermögen durch Scheidung ist ein rational erfaßbares Problem. Das ist ein ganz anderes Thema; dabei geht es um materielle Dinge. Liebe und Sexualität zwischen Mann und Frau, das ist ein viel wichtigeres und elementareres Thema als die Teilung eines Hauses oder einer Eigentumswohnung.«

22.
Kann ein Mensch alle Sehnsüchte abdecken?

Wenn wir uns in jemanden verlieben, bekommt diese Person eine einzigartige Bedeutung. Sie ist der schönste, interessanteste, attraktivste, erotisch anziehendste Mensch für uns auf der Welt. Voller Sehnsucht erwarten wir seinen Anruf oder seinen Brief. Wir versuchen, über ihn alles in Erfahrung zu bringen. Wenn von ihm gesprochen wird, sind wir in der langweiligsten Gesprächssituation plötzlich hellwach. Das kennen wir wohl alle, denn nahezu jeder hat es so oder ähnlich schon einmal erlebt. Die Phase der Verliebtheit ist auch deshalb wunderschön, weil wir, außer an uns selbst, engagiert an einem anderen interessiert sind. An einem anderen Menschen Interesse zu haben reißt uns heraus aus dem Kreislauf unserer egoistischen Eigeninteressen, die sich oft im Kreis drehen. Es öffnet sich ein Fenster nach draußen – wir fühlen mit einem anderen mit und wollen, daß wir für ihn auch zum Zentrum des Interesses werden.

Ich drücke es bewußt so aus, weil darin auch ein kritischer Aspekt zum Ausdruck kommt. Dieses Verliebtsein ist ja keine rein selbstlose Liebe. Wir hegen Erwartungen und entwickeln Sehnsucht. Diese Sehnsucht kann sich steigern zu einem Verlangen bis zur Begierde. Wir schlafen im Gedanken an die Realisierung unserer Liebe ein und wachen damit auf. Wir erarbeiten in unserem Gehirn Strategiepläne, wie wir diese Person, in die wir uns verliebt haben, wiedersehen und wie wir sie überraschen und erfreuen können. Wir scheuen keine Kosten, keine Entfernungen, keine Telefonate, keine umständlichen Recherchen. Wenn die geliebte Person es will, dann rasen wir nachts sechshundert Kilometer über die Autobahn, um sie zu sehen und mit ihr zusammenzusein. Wenn das alles frei von erotischer Anziehung und Sexualität wäre, wenn das eine reine Geschäftsbeziehung wäre, würden wir das nicht tun, außer es ginge um viel Geld, um fünftausend, hunderttausend oder eine Million Mark, je nach unserem finanziellen Status. Liebe, Sex und Geld waren seit jeher und sind immer noch die größten Motivationsfaktoren. Wir werden hellwach, wenn wir von einem für uns einträglichen Geschäft hören oder wenn uns einer von einem Menschen vorschwärmt, in den wir uns verlieben könnten.

Ein gutes Geschäft, bei dem wir viel Geld verdienen können, weckt unseren Intellekt und die Kreativität. Wir arbeiten bis in die Nacht hinein, an Plänen und Ideen, um dieses Geschäft zu realisieren. Wenn uns aber die Liebe beflügelt, dann lassen wir sogar die geschäftlichen Pflichten links liegen und scheuen keine Lügen, Pflichtverletzungen, Kontoüberziehungen, anderweitige Terminabsagen, Streßbelastungen und schlafentziehende Aktionen, um unser Verlangen zu stillen.

Die Liebe kommt aus ›Bauch und Herz‹, das Geschäft nur aus der Ratio. Wenn jedoch Liebe und Geschäft miteinander verknüpft sind – ja dann überschlagen wir uns. Wenn sich mit dem geliebten Menschen, zu dem wir uns erotisch hingezogen fühlen, unser Vermögen noch vermehren läßt, sich Zukunftssicherung andeutet, dann werden wir in unserem Verlangen fixiert und gierig, dann werden wir psychisch labil und unberechenbar. Wir setzen unsere gesamte Lebensenergie ein, um unser Ziel zu erreichen. Wir greifen zu allen Mitteln, die sich bieten, zu den lauteren sowieso und auch skrupellos zu den unlauteren. Geschäft und Liebe unter einem Schirm, das ist das Höchste und Wichtigste. Dann wird diese Liebe zur ›einzigen und wahren‹ hochstilisiert, und dabei vergessen wir alles ringsherum, was sonst noch wichtig ist. Wir rufen Freunde nicht an, sagen Termine ab, lassen Geschäftstreffen platzen. Diese ›wahre und große Liebe‹ – wir gehen für sie durchs Feuer, wir laufen dafür über glühende Kohlen.

Wenn wir aber bekommen, was wir wollen, wenn in einem Bett die Sexualität geschieht, dann sind wir entweder glücklich oder enttäuscht. Der sexuelle Kontakt ist das Zünglein an der Waage. Der Geldjäger läßt sich davon nicht beirren; er denkt, das gibt sich schon, das spielt sich ein, wenn es nicht erfüllend war. Der erotisch Orientierte wird nachdenklich und geht auf Distanz. Der sexuell Erfüllte aber fühlt sich im siebten Himmel der Liebe. Er glaubt daran, daß er die ›große Liebe‹ gefunden hat, und er kämpft mit allen Mitteln dafür, daß daraus nun eine Paarbeziehung wird. Ein Paar zu sein bedeutet, daß man sich gegenseitige Treue schwört, die Vermögensverhältnisse zusammenbringt, die Familien zusammenführt, unter einem Dach leben will, in einem Bett einschläft und aufwacht, zusammen ins Kino geht, zusammen frühstückt, das gleiche Buch liest und den nächsten Urlaub plant.

Aber der andere Mensch ist ein eigenständiges Wesen. Jetzt beginnt man zu erfahren, was der andere denkt, wie er fühlt, welche Pflichten er hat, in welchen Abhängigkeiten er lebt. Wer ist der andere wirklich? Welche Werte sind für ihn wichtig? Er will in seiner Freizeit Tennis spielen oder Vernissagen besuchen. Kann ich damit etwas anfangen? Er will im Urlaub in die Berge, ich aber will ans Meer. Er will viele Leute kennenlernen, ich aber suche die Ruhe, die Stille und die Einsamkeit.

Die Verliebtheit ist anfänglich sehr geduldig und zieht mit, aber nach und nach, im Laufe der Zeit, stellt sich heraus, daß es ihn nervt, daß sie das will und jenes nicht, und sie nervt, daß sie ins Pop-Konzert will und er nicht. Ich habe meine Vorstellungen vom Leben mit einer Partnerin, und sie hat ihre Visionen von einem Leben mit einem Mann. Da wir uns lieben, treffen wir uns entfaltend und erfüllend im sexuellen Erleben. Aber nach dem Orgasmus geht die Wirklichkeit weiter. Der nächste Morgen rückt mit dem Sonnenaufgang unerbittlich heran. Die Musik verklingt, das Make-up ist verwischt, das Telefon klingelt, die Rolläden werden hochgezogen, der Kaffee duftet, die Brötchen sind lasch, die Marmelade tropft, das Ei ist zu hart, der Exfreund ruft an, die Geschäftsreise dauert eine Woche, ein Verehrer schickt Rosen, die Mutter ringt mit dem Tod, der Bruder hat Krebs, der Freund zahlt das Darlehen nicht zurück, der Wasserhahn ist undicht, der Verkehrsunfall führt zu einem Gerichtstermin, eine geschäftliche Aktion entwickelt sich zu einem Flop, die Bekannten erzählen etwas Negatives über das Vorleben, die Intrigen sind im vollen Gang, der Vermieter kündigt die Wohnung, die Aktien fallen, die frühere Freundin meldet Unterhaltsansprüche für ein gemeinsames Kind an, der Chef droht mit Kündigung, der große Auftrag ist in Gefahr, weil die Konkurrenz sich eingemischt hat, ein ferner Bekannter erzählt eine Lüge, ein guter Freund wird aggressiv, ein geplanter Abend im Restaurant muß abgesagt werden, weil der Chef eine Krisensitzung einberuft. So sieht die Realität aus. Kann die Liebe zwischen Mann und Frau das alles aushalten? Gelingt dann noch eine Realisierung von Liebe und Sexualität? Bleibt die Sehnsucht noch bestehen? Würden wir vielleicht nicht lieber wieder allein sein, weil das Zusammensein den Streß verstärkt? Und wenn es im Bett dann nicht klappt, weil er nicht kann oder sie nicht will, was ist dann?

Viele Erwartungen und Sehnsüchte sind dann enttäuscht. Die Probleme verschiedener Meinungen über Menschen, Politik und Religion, Kinder und Gesellschaft, Ästhetik und Lebensphilosophie wurden noch gar nicht erwähnt. Kann die geliebte Person alle unsere Sehnsüchte abdecken? Mit dieser Frage möchte ich dich allein lassen. Du selbst fühlst dieser Frage jetzt forschend nach. Diese Meditation ist sehr wichtig. Stelle dir diese Fragen, und lasse sie in dich einwirken, damit deine Antwort aus deinem Inneren hervorkommen kann. Deine Antwort ist wichtig, bevor wir weiter über Liebe reden. Wenn du keine Antwort findest, dann ist das auch in Ordnung, dann muß das akzeptiert werden. Ich möchte weiter mit dir darüber reden. Wenn man mit der Birne über den Zeitpunkt der Reife spricht, wird sie nicht sofort vom Baum fallen.

23.
Warum ist loslassen
so schwer?

Wir sollten uns der Liebe nochmals von einer anderen Seite nähern. Die meisten machen den großen Fehler, sich auf den Partner zu fixieren. Da der Partner eine eigene Eigenschaftsstruktur hat und seine eigenen Lebensanschauungen, eine individuelle Philosophie und Psychologie, kommt es früher oder später zu Reibungen. Die erotisch-sexuelle Anziehung ist eine harmonisierende Kompensation. Solange die Sexualität für beide Seiten beglückend entfaltet werden kann, wird vieles toleriert und beiseite geschoben. Wenn aber dieses Band der Sexualität reißt – und dafür gibt es viele Gründe; alleine darüber könnte ich hundert Seiten schreiben –, dann hört diese Toleranz auf, und man beginnt den anderen zu kritisieren, zu dominieren oder zu erziehen. Dann wird Kritik nicht mehr tolerant hingenommen, sondern bekämpft. Jeder will dann recht haben und es besser wissen. Dann beginnt der belastende Kleinkrieg um Kleinigkeiten. Dann stört einen, wie der andere die Zigarette hält, wie er sich räuspert, es stört die Art seines Humors, es stört, wenn er unternehmungslustig ist, es stört, wenn er schweigt.

Vor allem Männer neigen dazu, schweigsam zu werden. Das Gespräch mit ihrer Partnerin, vor allem über Gefühle, beginnt sie zu langweilen und zu nerven. Darüber führte ich vor einiger Zeit ein Gespräch mit einem Bekannten.

Er sagte: »Als der Sex mit Lydia mir keinen Spaß mehr machte, war ich auch an den Gesprächen mit ihr nicht mehr so interessiert. Ich habe mich dann in die Arbeit gestürzt. Das hat sie natürlich gereizt. Sie hat empfunden, daß durch die nachlassende Sexualität mit unserem Verhältnis etwas nicht mehr so ist wie zuvor. Dadurch entstanden in ihr Ängste, vielleicht sogar Panik, und sie wollte darüber reden, diskutieren, sie bohrte und bohrte, und ich zog mich nur noch mehr in mein Schweigen zurück. Ich schottete ab.«

»Du bist doch eigentlich ein Mensch, mit dem man reden kann, bist kommunikativ. Warum wolltest du denn nicht mit ihr darüber reden und dieses Thema besprechen, so wie du es empfindest?«

»Ich habe einfach keine Lust dazu. Die Luft ist raus; es gibt mir nichts, darüber zu reden, weil es der sexuellen Anziehung nicht nützt. Im Gegenteil, ich werde dann immer frustrierter, und sie wird mir immer fremder. Man kann diese sensiblen Dinge auch leicht zerreden, und dann wird alles nur noch schlimmer.«

»Du wartest also auf bessere Zeiten. Denkst du, daß sich die Liebesgefühle, die erotische Anziehung wieder einstellen könnten?«

»Darauf warte ich. Ich bin der Meinung, man kann das nicht erzwingen. Vielleicht sind wir uns zu nahe, und ich versuche deshalb, weitere Nähe zu vermeiden. Durch Distanz hoffe ich, daß sich bei mir wieder eine erotische Anziehung entwickelt. Außerdem kann ich die Gereiztheit, mit der in mich gedrungen wird, nicht ertragen.«

»Ist es dir vielleicht peinlich, es deiner Frau so zu sagen, wie du es mir gesagt hast: Die erotisch-sexuelle Anziehung ist in dir erloschen? Du hast derzeit kein Bedürfnis nach sexueller Gemeinsamkeit.«

»Das würde sie mir sehr übelnehmen. Sie würde das nicht verstehen. Sie würde dann sagen: Du liebst mich nicht mehr. Ich müßte das dann bejahen, denn ich liebe sie im Moment wirklich nicht. Ich merke auch, wie ich andere Frauen erotisch anziehend finde. Ich bin kurz davor, fremdzugehen. Darüber kann ich mit ihr doch nicht reden. Das würde nur Ärger bringen. Sie würde mich beschimpfen und die Scheidung einreichen. Ich muß derzeit schwierige berufliche Probleme lösen. Ich kann im privaten Bereich diese Belastungen nicht auch noch ertragen; das wird mir einfach zuviel.«

»Das zeigt mal wieder, daß Mann und Frau nicht offen miteinander umgehen können. Der Gradmesser der Attraktivität ist letztendlich die sexuelle Anziehung. Wenn sie nicht mehr stimmt, dann gerät die menschliche Beziehung auch ins Wanken. Dann werden aus zwei Menschen, die sich in Liebe gegenseitig bewundert und beschenkt haben, ganz schnell Feinde, die sich verletzen und schädigen. Was jetzt mit eurer Liebesbeziehung geschieht, solltest du als Chance sehen, dich dabei selbst zu erfahren und über Partnerschaft zwischen Mann und Frau zu lernen. Man sollte viel offener zueinander sein. Es sollte über diese Probleme geredet werden, bevor sie eintreten, man sollte sich nicht schämen, wenn die sexuelle Anziehung nachläßt, man sollte darauf vorbereitet sein.«

»Als wir sexuell glücklich waren, hätte ich ein solches Gespräch nicht gewollt, weil dadurch ein negativer Aspekt hineingekommen wäre. Ich glaube, das wäre für uns beide damals kein Thema gewesen.«

»Es zeigt sich hier, daß man sich mit der Thematik des Lebens, mit Liebe, Sexualität, Vertrauen, mit Toleranz, Verlangen, mit Bewunderung, Verurteilung in einer Partnerschaft von Anfang an beschäftigen sollte. Aber wir tun das nicht; es ist nicht üblich. Wir wissen nichts über die Liebe und ihre Zusammenhänge. Es ist uns alleine wichtig, uns zu verlieben. Was danach auf uns zukommt, das erleben wir dann ziemlich überrascht und pikiert. Wir wissen zwar, daß jede dritte Ehe geschieden wird und mindestens jede zweite Ehe unglücklich ist, aber wir denken, daß das nur die anderen betrifft, nicht uns selbst. Dieser Gedanke ist natürlich fahrlässig. Als distanzierter Betrachter sehe ich, wie sich Mann und Frau in erotische Liebe stürzen und in ihr Unglück laufen. Wie schön sind die Stunden romantisch-erotischer Zweisamkeit der Gefühle und wie bitter schrecklich sind die Stunden der Entfremdung und Feindschaft. Diese Stunden bleiben einem kaum erspart. Und dann verstehen sich Mann und Frau überhaupt nicht mehr. Dann wird zynisch gesagt: Mann und Frau passen einfach nicht zusammen.«

»Genau das denke ich in letzter Zeit. Wir passen nicht zusammen.«

»Du denkst ans Fremdgehen. Glaubst du, daß diese Frau dann besser zu dir paßt? Du bist dann genauso verblendet wie damals bei deiner Lydia. In einem Monat, in einem Jahr wirst du sagen: Wir passen nicht zusammen. Dann hättest du nichts gelernt. Und die meisten machen es so; sie trennen sich, verlieben sich neu, sie trennen sich, verlieben sich neu und so weiter, bis durch den Alterungsprozeß die Kräfte nachlassen und man aus Bequemlichkeit zusammenbleibt.«

»Es müßte einen Weg geben, wie die erotische Anziehung zwischen Mann und Frau bestehen bleibt. Verrate mir diesen Weg.«

»Ich sage ihn dir, aber du wirst ihn wohl nicht gehen. Öffne dich sensitiv für alles, was um dich herum geschieht. Bringe deine Gefühle zum Ausdruck, und lebe in der Gegenwart. Wirf alle Regeln und Normen ab, werde innerlich frei, auch in deiner Kommunikation. Bringe zum Ausdruck, was dir gefällt, und lebe es. Realisiere deine sexuellen Wünsche. Lasse die Ängste hinter dir; möglicherweise wirst du dann zurückgewiesen werden. Taktiere nicht mit Verschweigen. In Liebesbeziehungen wird meist taktiert.

Beende dieses Taktieren. Das heißt, ins volle Risiko zu gehen, das heißt, die Angst vor sich selbst zu verlieren. Freiheit ist loslassen, Freiheit heißt aber auch, auf Widerstände zu stoßen. Deine Freiheit wird von anderen oft nicht verstanden. Wir halten viel zurück, um diplomatisch zu sein. Aber was bringt diese Diplomatie? Sei so, wie du bist, trete den anderen beizeiten auf die Füße, denn dann löst sich die Spreu vom Weizen. Sie werden sich reihenweise von dir zurückziehen. Und das willst du verhindern, und deshalb wollen wir darüber auch nichts wissen. Wir wollen gar nicht so auftreten, wie wir wirklich sind. Einer macht dem anderen etwas vor. Wir wollen nicht mehr über die Liebe wissen als das, was notwendig ist, um verliebt zu sein und den anderen verliebt zu machen. Das Liebesspiel ist ein Verwirrspiel. Wir wollen festhalten und nicht frei sein. Die Wahrheit voreinander zu verbergen ist keine Freiheit. Losgelöst sein zu wollen, aber auch fixieren zu wollen ist ein Widerspruch in sich. Mann und Frau sind in diesem Widerspruch verfangen. Die meisten müssen das durchleiden bis zum Lebensende, und sie erlangen keine Klarheit. Das ist die tragische Komödie des üblichen Lebens.«

»Und wie komme ich da heraus?«

»Du willst jetzt von mir in wenigen Sätzen einen Trick erfahren, wie das geht. Ich muß dich enttäuschen. Es gibt keine solchen kurzen Tricks. Das Ganze muß erfaßt werden. Du brauchst Distanz und Freiheit. Die gesamte Thematik des Menschseins muß unter einem neuen Blickwinkel erfaßt werden. Die Freiheit muß verstanden werden. Darüber kannst du einmal mit anderen diskutieren, und du wirst feststellen, daß völlige Verwirrung entsteht. Sie wissen nichts von Freiheit, ja, sie meiden sie, wie eine schreckliche Krankheit. Freiheit ist zutiefst verpönt und verhaßt, und doch sehnen wir uns alle danach. Das ist die Tragik des Alltags.

Ich möchte euch allen davon etwas vermitteln, einen

Lichtstrahl in die Unwissenheit und die Angst schicken. Aber ich werde sofort dafür angegriffen und verurteilt. Man will es nicht hören, nicht lesen und auch nicht im vertraulichen persönlichen Gespräch vermittelt bekommen. Jeder erwartet von mir nur einen Trick, aber keiner versteht, daß es ihn nicht gibt. Sie wollen alle frei werden, aber einfacher, schneller, leichter, als es wirklich möglich ist.

Du willst ganz schnell heraus aus deiner Belastung. Aber schnell geht es nicht. Es ist intensive Beschäftigung erforderlich mit der Thematik Fixierung und Loslösung. Du mußt bereit sein, dich von allem zu lösen, was die anderen dir vermittelt haben. Du mußt bereit sein, isoliert individuell zu sein, das heißt, authentisch zu sein. Das ist eine Revolution in deiner Seele und in deinem Geist. Davor hast du gewaltige Angst. Wir müssen durch tiefe und lange Angstphasen, bis wir in die Freiheit gelangen. Du willst, daß ich dich dabei an die Hand nehme. Aber die Angst ist so übermächtig, daß du beim ersten Schritt bereits: ›Aber nein, nein‹ sagen wirst.«

Vierter Teil

Sind die Guten schwach und die Bösen stark?

»Das Leben ist ein Geschenk
der Wenigen für die Vielen,
derer, die wissen und haben,
für diejenigen, die nicht wissen
und nicht haben.«

Amedeo Modigliani

24.
Ist das Gute Schwäche und
das Böse Stärke?

Was ist das Gute? Dem Guten ordne ich die folgenden Merkmale zu: Es möchte Liebe geben und zärtlich sein, es sucht nach gegenseitigem Verständnis und sucht Toleranz. Es spielt bei allem, was gesagt und getan wird, Mitgefühl für den anderen eine Rolle. Kritik wird konstruktiv vorgebracht und nicht destruktiv. Nicht Regeln werden pedantisch eingehalten, sondern es wird flexibel von Fall zu Fall gehandelt. Die Sensibilität und Emotionalität wird berücksichtigt. Es wird mitmenschlich gedacht, und die Bedürfnisse des anderen werden beachtet. Alle Menschen aller Rassen und aller sozialen Schichten erhalten die gleiche Wertschätzung. Die Freiheit, anders zu denken als die Mehrheit, wird geachtet. Den Mitmenschen und allen Lebewesen werden großer Respekt und Achtung entgegengebracht. Die Liebe wird hoch eingeschätzt, und das gesamte Verhalten wird von Liebe zum Leben und zur Lebendigkeit durchdrungen. Humanität steht im Zentrum des Handelns. Der Kontakt und die Kommunikation geschehen mit Fingerspitzengefühl. Das Interesse für die Gefühle der anderen ist wachsam. Mit Achtsamkeit wird die Psyche des anderen, ihre Verletzlichkeit, wertgeschätzt. Die Rechte der Seele und die Entfaltung jedes einzelnen werden toleriert. Die Andersartigkeit des anderen wird respektiert. Aggressionen werden bewußt gemildert, um mit Geduld kommunizieren zu können. Freiheit des Fühlens und Denkens wird geschätzt und nicht verurteilt.

Was ist das Böse? Das Böse verneint insgeheim alles, was als Gutes genannt wurde. Das Böse ist neidisch auf alles Gute und bekämpft es mit allen Mitteln. Da man gegen das Gute nicht offen vorgehen kann, wird dagegen ›unter der Decke‹ intrigiert. Dem Bösen ist alles Gute ein Ärgernis, und es bekämpft das Gute, macht es madig und zieht es in den Schmutz. Das Böse gibt sich nach außen nicht offen zu erkennen, sondern kleidet sich mit dem Deckmantel des scheinbar Guten. Das Böse wird niemals offen sagen, die schwarze Rasse sei ›dumm, faul und ohne Kultur‹, sondern wird sich hämisch freuen über jeden Mißerfolg, den ein Schwarzer erlebt. Der Böse wird dagegen sein, daß Schwarze auf deutschen Universitäten studieren, und er wird im vertrauten Kreis sagen, daß diese Asylanten mit dem nächsten Flugzeug wieder zurückgeflogen werden müßten. Der Begriff der ›politischen Verfolgung‹ ist ihm egal, aber er wird klammheimlich einen illegalen Asylanten auf den Baustellen seiner Firma beschäftigen, denn diese Ausbeutung von Arbeitskraft ist ihm sehr willkommen. Der Böse wird über Gastarbeiter offiziell schimpfen – im entsprechenden Kreis natürlich –, aber er wird mit Lust und Vergnügen mit einer Gastarbeiterin sexuell verkehren.

Der Böse verbirgt seine wahren Gefühle, er redet je nach Situation, aber er sagt nicht die Wahrheit. Der Gute, der seine Gefühle offenbart und die Wahrheit seines Denkens ausspricht, ist für ihn ein Dummkopf. Der Böse hält sich für intelligent. Intelligenz ist für ihn nicht ein Begriff aus der Forschung, sondern ein Begriff, der davon geprägt ist, anderen gegenüber seinen Vorteil zu wahren. Intelligent ist derjenige, der andere hinters Licht führt, sie betrügt und belügt, ohne daß sie es merken – und wenn sie es merken, dann müssen sie aufgrund der Machtsituation eben kuschen und den Mund halten.

Der Böse hält nicht viel von der Liebe, wichtig ist für ihn vor allem die Sexualität, also die Befriedigung seiner sexuellen Wünsche. Der Böse ist natürlich verheiratet und legt großen Wert auf Einhaltung der bürgerlichen Normen – nach außen, versteht sich. Aber heimlich möchte er sich alles nehmen und kaufen, was hinter dieser Fassade möglich ist. Der Böse will nichts von Wahrheit und Wahrhaftigkeit wissen. Er will die Fassade, denn sie gilt nach außen – und er will dahinter das realisieren, was ihn egoistisch interessiert. Humanität und Mitgefühl sind ihm völlig wurscht. Er verachtet die Wahrheit, und er fühlt sich angezogen von der Lüge.

Der intelligente Böse lügt mit Perfektion. Natürlich belügt er auch sich selbst, aber damit beschäftigt er sich nicht. Er empfindet Freude daran, andere zu belügen, sie hinters Licht zu führen und gegen sie zu intrigieren. Der Gute fühlt sich glücklich mit der Wahrhaftigkeit und seiner authentischen Lebensweise. Der Böse findet das dumm und schwächlich; er freut sich über eine gelungen plazierte Lüge und fühlt sich intelligent, clever und cool, wenn er dieses Lügengespinst, das er knüpft, weiter aus- und aufbauen kann.

Der Böse ist ironisch und zynisch. Er spielt mit dieser Ironie, drückt sie aus, läßt die Empfänger dieser Botschaft sich darin verfangen. Wenn man dem Bösen auf die Schliche kommt, dann ist er vorbereitet. Er ist ein Schauspieler – leider nicht im Film, sondern im Leben.

Es ist ein großer Trugschluß zu glauben, daß das Leben wahr wäre und nur das Schauspiel ein Spiel. Für den Guten ist das, was er lebt und wie er es lebt, wahrhaftig. Aber der Böse findet das lächerlich, für ihn ist nichts wahrhaftig, für ihn ist alles ein intellektuelles Spiel. Er setzt Gefühle ein; wenn er sie braucht, sogar Tränen. Das alles ist aber nur Taktik. Für den Bösen ist das ganze Leben, ist alles, was damit verbunden ist, pure Taktik, um sich selbst zu erhöhen und andere zu erniedrigen. Er sucht seinen materiellen oder sexuellen Vorteil. Der Böse denkt in der Kategorie: Was nützt mir das? Was bringt mir das? Was bleibt unter dem Strich für mich? Der Böse ist jedem anderen ein Feind. Alles, was ihm nicht nützt, ist unnütz, also uninteressant und feindlich. Der Böse ist deshalb sehr flexibel; er stellt sich auf jede Situation neu ein. Er vertritt aber den Standpunkt der jeweiligen Macht. Sind die Nazis an der Macht, ist er ein Nazi, obwohl ihn das im Grunde gar nicht tangiert; sind die Kommunisten an der Macht, ist er natürlich ein Kommunist; sind die Liberalen an der Macht, ist er liberal. Der Böse ist aber weder Katholik noch Nazi, noch Kommunist aus Überzeugung – er sagt jetzt vielleicht, wenn er gefragt würde, er wäre Realist.

Für den Guten bedeutet der Begriff Realismus etwas ganz anderes als für den Bösen. Der Gute erfühlt die Realität mit Mitgefühl. Der Böse versteht unter Realität nur das eine: Wie kann ich die Realität nutzen, um mir Vorteile zu verschaffen, die anderen Menschen oder Tieren schaden? Der Schaden der anderen interessiert ihn nicht im geringsten, denn anderen zu schaden, um sich selbst zu nutzen, das erscheint ihm ja sehr intelligent. Über diese Intelligenz und Cleverneß freut er sich über alle Maßen. Der Böse fühlt sich viel sicherer und lebendiger, viel mehr auf der Seite dessen, worum es im Leben geht, als der Gute. Der Böse fühlt sich stark, und er diskriminiert den Guten als schwach.

25.
Warum setzt sich das Böse durch?

Vor einiger Zeit führte ich ein Gespräch mit einem fünfundvierzigjährigen Freiberufler, der für die Medien arbeitet und sich zum Bösen bekennt. In einem Dialog wollte er seine Philosophie des Bösen mit meiner Psychologie konfrontieren.

Er begann so: »Du vertrittst in deinen Büchern und in deiner Praxis die Philosophie des Guten. Aber was hat es dir und mir gebracht? Die Menschen sind nicht besser geworden. Das einzig Positive ist, daß es in den vergangenen fünfzig Jahren in Europa keinen Weltkrieg gab und der Osten zusammengebrochen ist. Das ist aber nicht dein Verdienst. Auch der Kommunismus und Sozialismus wollten das Gute. Was ist dabei herausgekommen? Das System funktioniert einfach nicht. Nur die freie Marktwirtschaft und der Kampf von einzelnen, die davon einen persönlichen Vorteil haben, nur ein solches Wirtschaftssystem funktioniert. Wo aber Kampf herrscht, ist für das Gute kein Platz.«

»Wir sollten nicht über politische Systeme reden. Das führt uns nicht weit. Der sozialistische Gedanke ist prinzipiell richtig. Es geht dabei darum, daß jeder einzelne an seiner Arbeit Anteile hat und seine Arbeitskraft von einem Unternehmer nicht ausgebeutet werden kann. Wenn allerdings der Staat zum Ausbeuter wird und der Mensch in seiner Meinungsfreiheit unterdrückt wird, dann haben wir eine Diktatur. Diese ist zu verurteilen – und sie ist zusammengebrochen, weil sich die Menschen zu Recht dagegen auflehnten. Sie hielten den Diktatoren den Slogan vor Augen: ›Wir sind das Volk.‹ Nicht der sozialistische Gedanke ist falsch, sondern die undemokratische Staatsform. Nur in einer Demokratie können Menschen verschiedener Mentalitäten ihre Freiheit entfalten. Aber lassen wir das; unser Thema sollte das Individuum sein. Es geht darum, daß sich jeder einzelne entwickelt, und zwar ausreift zu einer menschlichen Person und nicht zu einem Bösewicht.«

»Es kommt darauf an, wie man einen Bösewicht definiert. Kriminalität jeder Art lehne ich natürlich ab. Als Vertreter des Bösen sollte ich vielleicht einmal definieren, wie ich das meine. Ich behaupte, daß das Gute nichts bringt; es macht dich lebensuntüchtig und schwach. Man kann nicht immer nur das Gute tun, denn das Leben ist ein Kampf aller gegen alle. Das Christentum, das die Lehre des Guten vertritt, hat im Namen dieser Religion andere verfolgt, unterdrückt und getötet. Ich denke an die Eroberung Amerikas und die Brutalität der mordenden Soldaten, die mit den Azteken keinerlei Mitgefühl hatten und sie dahinschlachteten.«

»Auch das führt vom Thema ab. Die Kirchengeschichte enthält noch viele andere Beispiele, wie im Namen des Christentums andere Völker anderer Religionen ermordet wurden. Das alles bedeutet nicht, daß Jesus Christus die Lehre des Bösen vertreten hätte.«

»Jesus direkt nicht, aber die Institution ging rücksichtslos vor. Seine Lehre wurde von den Mächtigen der Kirche mißbraucht, um der Religion zu mehr Einfluß und Macht zu verhelfen. Es ist doch immer wieder dasselbe Spiel: Das Gute wird zu etwas Bösem, da die Menschen um Macht ringen – in Verbänden, in Ländern, Staaten, Religionen, in Rassen und Clans. Es führt zu einem Kampf, und ohne Kampf ist Leben und Überleben nicht möglich.«

»Das ist eine Behauptung, die nicht rückwirkend mit historischen Beispielen bewiesen werden kann. Was in der Vergangenheit schiefgelaufen ist, muß in der Gegenwart nicht genauso schieflaufen. – Wir legen doch viel Wert auf unsere Lernfähigkeit, also sollten wir daraus lernen. Ich habe die Psyche der Menschen untersucht und studiert und ziehe daraus den Schluß, daß der Mensch nicht prinzipiell böse ist, sondern sehr wohl zum Guten fähig ist.«

»Wenn ich mir aber unsere Gegenwart anschaue, dann sehe ich Umweltzerstörung, einen zunehmenden Egoismus, jeder denkt an seinen Vorteil, es besteht keine Achtung vor den Mitmenschen, der Umgangston wird immer rauher und kälter, der Stärkere dominiert über den Schwächeren, die Reichen werden reicher und die Armen ärmer. In dieser Welt leben wir. Es ist nichts besser geworden, wie du es dir wünschst, sondern schlechter. Deine Philosophie hat versagt. Das Böse dominiert über das Gute.«

»Das sehe ich natürlich auch: Die psychosomatischen Krankheiten nehmen zu, der Alkoholismus wächst, die Abhängigkeit von Psychopharmaka nimmt zu, die Menschen gehen rücksichtslos und brutal miteinander um, in den Betrieben nehmen die Intrigen und das Mobbing zu. Viele Menschen leiden in dieser Gesellschaft und können dieses Leiden nicht in Worte fassen. Ich sehe meine Aufgabe darin, diese Konflikte und Belastungen auszusprechen und Wege zu zeigen, wie man damit für sich selbst umgeht. Ich habe es bisher nicht geschafft, den Erkenntnissen, die ich vermittle, zu einer großen sozialen Bewegung zu verhelfen. Das heißt aber nicht, daß mein Wirken deshalb sinnlos wäre. Wenn ich einzelne aus einer Lebenskrise herausführen kann, wenn ich ihnen wieder Lebensfreude vermitteln kann, wenn ich sie freier und liebesfähiger mache, dann ist das ein Erfolg.«

»Ich halte die Freiheit auch für einen wichtigen Wert. Aber die Liebesfähigkeit ist wieder so ein Begriff aus dem

Repertoire des Guten. Ich sage: Wer liebt, ist schwach. Warum immer dieser Wink der Guten mit der Liebe?! Das Zusammenleben der Menschen ist hart und brutal. Mit Liebe kommst du da nicht weiter. Sie überrollen dich mit ihrem Egoismus, sie setzen sich über die Liebe einfach hinweg. Die Liebe zwischen Mann und Frau führt zu einem erbitterten Krieg der Vermögensaufteilung bei der Scheidung. Außerdem geht es nur um sexuelle Erfüllung. Wenn diese nicht mehr da ist, dann geht man fremd, und der erbitterte Kampf beginnt.«

»Du hast meine Bücher nicht aufmerksam gelesen, denn sonst wüßtest du, daß ich das alles erwähne. Ich mache bewußt, daß diese Probleme und Konflikte auf uns zukommen. Aber es ist wichtig, wie wir damit umgehen, wie wir damit leben. Wir müssen verstärkt unsere Seele und den Geist verstehen, um die Gesellschaft und die Mitmenschen zu verstehen. Wir sind Barbaren, weil wir uns zuwenig mit uns selbst befassen. Wir wissen viel über den Weltraum, haben es technisch sogar geschafft, auf dem Mond zu landen, wir haben Satelliten im Weltraum stationiert, können drahtlos von Köln nach München aus dem Auto telefonieren, haben Disketten, die auf kleinstem Raum die Informationen von mehreren Lexika abspeichern, aber von unserer Seele wissen wir nichts. Dieses Wissen lassen wir links liegen, und so stürzen wir von einem Konflikt in den nächsten und verbergen unsere seelischen Schmerzen vor anderen, nur weil wir stark erscheinen wollen.«

»Wir müssen stark erscheinen, weil wir sonst untergehen würden. Nur der Starke hat in dieser Leistungsgesellschaft eine Chance; der Schwache kriegt einen Tritt in den Hintern. Wenn du schwach bist, dann lassen sie dich fallen. Das ahnen die meisten sehr richtig, und deshalb verbergen sie jede Schwäche.«

»Das ist meine Gesellschaftskritik. Die seelische Schwäche wird nicht verstanden. Ich versuche, den einzelnen damit vertraut zu machen, sie vor sich selbst einzugestehen. Es ist wichtig, daß wir unsere Schwächen erkennen und zu ihnen stehen. Wir dürfen uns allerdings auch nicht mit Selbstkritik zerfleischen. Wir sollten uns genau beobachten, in uns hineinlauschen, damit wir uns kennenlernen. Wir stellen dann fest, daß wir Ängste haben, Aggressionen, Neid, Eifersucht, Eitelkeit, Selbstunsicherheit et cetera. Das alles sollten wir genau beobachten und uns trotzdem annehmen. Nur so werden wir frei davon, innerlich frei. Erst dann kannst du eine Schwäche auch nach außen angstfrei zugeben und zu ihr stehen. Das ist wahre Stärke.«

»Das mag ja sein. Aber wer schafft das schon? Das ist schwierig. Wer diese Stärke hat, mit den Schwächen des Menschseins zu leben, der kämpft darum eben mit diesen Waffen.«

»Das sind keine Waffen. Wenn du geistig und psychisch frei bist, dann erscheint dir das – in deinem Denksystem – als Waffe. Es geht darum, daß du mit Lebensfreude dein Leben voll und ganz ausschöpfen kannst, das ist ein großer Genuß. Das Leben lebenswert zu leben ist keine Waffe. Aus dieser Freiheit heraus einfühlsam und mitfühlend zu sein ist keine Waffe. Wenn du dich so entwickelst, also zu einem wirklichen Erwachsenen ausreifst, der authentisch und wahrhaftig ist, dann vertrittst du automatisch das Gute; für das Böse bleibt dann kein Raum mehr. Du liebst dann, ohne Zwang auszuüben. Gerade weil du dich gesund fühlst, kränkst du keinen anderen.«

»Ich sehe ein, daß vor allem die Frustrierten andere frustrieren. Aber dieser Gesunde, dieser Authentische, von dem du sprichst, muß auch seinen Lebensunterhalt verdienen, er muß gegen Konkurrenz antreten, und wenn er als Freiberufler einen Auftrag erhält, dann hat er einem Mitbewerber den Auftrag weggenommen.«

»Jetzt weitest du das Böse sehr aus. So kann man sogar die Liebe schlechtmachen, denn wer eine Frau liebt, sie für sich gewinnt, nimmt diese Frau einem anderen weg. So kann nicht argumentiert werden. Dann wäre es das allerbeste, wenn man Selbstmord beginge, um aus Güte den anderen den Vortritt zu lassen. Dann wäre schon allein die Tatsache, daß du auf der Welt bist, etwas Böses, denn du bist ja ein Konkurrent oder Mitbewerber. So zu argumentieren führt zu nichts.

Es ist gut, daß du auf der Welt bist, und jeder trägt den Wert der Schöpfung in sich. Es ist deine Aufgabe, selbst glücklich zu werden, um andere glücklich zu machen. Es ist schön, andere zu lieben, weil dich diese Liebe vitalisiert. Es geht aber um die ›richtige‹ Liebe. Damit müssen wir uns befassen, denn die ›falsche‹ Liebe bringt über alle Betroffenen Unglück und Leid.«

Am nächsten Tag trafen wir uns erneut, um unser Gespräch fortzusetzen.

Er begann: »Jeder Mensch ist ein Egoist und kämpft um seinen Erfolg. Du hältst das auch nicht für falsch, daß wir untereinander rivalisieren?«

»Warum sollten wir nicht rivalisieren? Ein Mensch kann nicht alles können und wissen. Wenn ich einen Berg besteigen will, dann engagiere ich einen Bergführer, um abends wieder gesund in der Berghütte zu sein. Ich erkundige mich, wer als besonders erfahrener Bergführer gilt. Wenn ich ein Geschwür im Bauch habe, dann muß ich es operativ entfernen lassen. Ich gehe deshalb zu einem Spezialisten und erkundige mich danach, welche Klinik einen besonders guten Ruf besitzt. Das muß natürlich immer noch keine Garantie für eine erfolgreiche Operation sein. Wir Menschen stehen zueinander beruflich im Wettbewerb. Darin sehe ich nichts Schlechtes. Menschen besitzen unterschiedliche Begabungen und Fähigkeiten. Jede Begabung besitzt deshalb den gleich großen Wert im Mosaik der Gesellschaft. Vor einer Operation erscheint dir das Talent des Chirurgen als eine bedeutende Sache, ja, als das Wichtigste auf der Welt, weil dein Leben davon abhängt. Du fragst allerdings nicht danach, ob der Chirurg ein glückliches Leben lebt, ob er die Natur und die Menschen liebt, ob er Ruhe und Ausgeglichenheit gefunden hat. Ich meine, es wäre sehr wichtig, das zu wissen, zu wissen, ob er sich glücklich fühlt, denn wenn er sich glücklich fühlt, fühle ich mich auch besser. Stelle dir vor, er ist ein guter Techniker, aber du landest auf seinem OP-Tisch nach einem Tag, an dem er frustriert war und versucht hat, seine Frustration mit Alkohol zu betäuben. Jetzt verstehst du vielleicht, was ich meine. – Natürlich ist es besser, in einem freien Land zu leben als in einer Diktatur. Es ist besser, in einer Marktwirtschaft zu leben als in einer totalitären Zwangswirtschaft. Die Möglichkeit der Ausbeutung nehme ich dafür in Kauf. Wichtig ist, stets wachsam zu sein und die Ungerechtigkeit zu erkennen und sie mit Zivilcourage zu benennen.«

»Du bist also bereit, mit den Bösen zu leben und dich mit ihnen zu arrangieren?«

»Es bleibt dir keine andere Wahl. Wo Menschen zusammenleben, gibt es Rivalität und Wettstreit. Diese Rivalität steigert auch die Leistungsfähigkeit. Darin liegt nichts Schlechtes, sondern etwas Gutes.«

»Nun gut, das akzeptiere ich. Jeder, der etwas leistet, möchte diese Leistung anerkannt bekommen. Du mußt deine Leistung bekannt machen, sie gegenüber anderen aufwerten, das ist Imagewerbung. Dieser Kampf erfordert Intelligenz, Kreativität und Durchsetzungskraft. Da kannst du dir keine Gefühlsduselei erlauben.«

»Du willst damit sagen, die Philosophie des Guten sei Gefühlsduselei. Das ist sie nicht. Der Bessere soll gewinnen. Im Sport ist das ganz eindeutig: Wer im Hochsprung einen Zentimeter mehr überquert, der hat gewonnen. Wenn du allerdings deinem Mitkonkurrenten heimlich einen Stein in den Schuh legst, dann ist das gemein. Und so definiere ich das Böse. Leistungswettbewerb ist normal; dagegen ist nichts einzuwenden. Dieses Miteinander-Ringen und Miteinander-Balgen trainieren auch die jungen Tiere; sie stärken so ihre Kräfte und ihre Reaktionsfähigkeit. Aber die Anwendung unfairer Mittel ist das Böse. Ich verurteile beispielsweise die Zahlung von Schmiergeld, um einen Auftrag zu bekommen. Ich verurteile beispielsweise auch die Verwendung schlechteren Materials als vereinbart, um den Gewinn zu steigern.«

»Du sagst damit ja zum Wettbewerb, aber nein zu allen Mitteln. Du mußt aber alle Mittel einsetzen, um Erfolg zu haben. Es zählt nur der Erfolg – wie er zustande gekommen ist, danach fragt nachher niemand. Es zählen die Villa, die du bewohnst, das Auto, das du fährst, und die Angestellten, die du hast. Durch diese Statussymbole bist du jemand in der Gesellschaft – und wie du dazu gekommen bist, danach fragt keiner, vor allem nicht, ob du mit unfairen Tricks zu deinen Aufträgen gelangt bist.«

»Ich frage danach. Ich schärfe das Bewußtsein dafür. Es ist nichts gegen eine Villa und ein repräsentatives Auto einzuwenden – bitte verstehe mich nicht falsch. Ich behaupte in keinem meiner Bücher, es wäre gut, in Sack und Asche zu gehen. Ich bin aber gegen die Raffgier und das Verlangen nach mehr und mehr Haben. Vor allem rede ich davon, das Herz nicht an das Haben zu hängen. Was du dir mit Leistung erworben hast, genieße es, und laß es innerlich los.«

»Das klingt banal, das sagen alle Weltverbesserer.«

»Ich bin kein Weltverbesserer.«

»Dann bist du ein Menschenverbesserer. Du möchtest die Menschen verbessern.«

»Das ist die falsche Wortwahl. Ich will sie nicht verbessern, sondern ihnen aufzeigen, wie sie glücklicher und zufriedener werden. Und deshalb muß das Verlangen nach Haben verstanden werden. Du mußt dich mit deinen Emotionen befassen. Das ist keine Gefühlsduselei.«

»Aber in der harten Wirklichkeit zählt die Ratio und nicht das Gefühl. Du mußt dich über die Gefühle der anderen hinwegsetzen können und deinen Weg gehen – das ist Stärke. Intelligenz ist Stärke. Du mußt einen Zentimeter intelligenter sein als der andere, damit er verliert und du gewinnst.«

»Du reduzierst das Thema wieder auf den Wettbewerb. Meine Lebenslehre gilt für die Gewinner *und* die Verlierer. Die Gewinner mahne ich, sich nicht auf das Verlangen und das Haben zu fixieren, und den Verlierern gebe ich die Kraft, mit ihren Ängsten und Frustrationen, dem Neid und dem Ehrgeiz zu leben. Außerdem: Keiner ist nur Gewinner oder nur Verlierer, denn das durchmischt sich oft über die Jahre.«

»Aber es bleibt dabei, daß wir egoistisch sein müssen und jeder andere ein Feind ist. Das menschliche Zusammenleben ist feindlich, und der Stärkere besiegt den Schwächeren.«

»Du hast es immer noch nicht verstanden. Wer durch Leistung überzeugt, soll nicht verteufelt werden. Wir brauchen herausragende Leistung – denke an deine nächste Operation. Wir brauchen aber keine unfairen Methoden, denn dadurch wird das wahre Leistungsbild verzerrt. Wenn der Chirurg einer Zeitung Schmiergeld zahlt, damit sie über angebliche Wunderleistungen berichtet, dann bist du am Ende der Angeschmierte. Nur darum geht es. Wehre dich doch nicht gegen die positiven Kräfte in dir selbst. Im Grunde schadest du dir, wenn du das Böse als stark lobst und das Gute als schwach diskriminierst. Im Grunde willst du glücklich werden, wie die anderen auch. Aber es kommt auf den Weg an. Wenn du das Böse verteidigst, bist du auf dem falschen Weg.«

»Das sehe ich nicht so.«

»Du siehst es jetzt nicht so. Ich konnte dich nicht überzeugen. Aber ich gebe nicht auf, dir den falschen Weg zu beschreiben und den richtigen zu zeigen.«

26.
Ist das Gute nur ein Trick, um nicht attackiert zu werden?

Ich habe mir über das Gespräch noch etliche Gedanken gemacht. Eigentlich will der Vertreter des Bösen nur darstellen, daß zur Lebenstüchtigkeit Egoismus gehört, daß man Stärke zeigen sollte und auch unter Umständen unfaire Mittel einsetzen müßte, um zum Ziel zu gelangen. Er ist ein Pragmatiker, der vieles unter dem Aspekt sieht, ob es ihm nutzt oder nicht. Er sieht das menschliche Leben als einen Kampf, sich mit der eigenen Leistung zu behaupten.

In dem Gespräch wurde nicht erwähnt, daß es Menschen gibt, die gut, liebevoll und sozial erscheinen wollen, um sich so zu schützen. Diese Gruppe ist gar nicht so klein. Es wird Schüchternheit, Sanftheit, Harmonie, Freundlichkeit und Aggressionslosigkeit vorgetäuscht, um sich auf diesem Weg einzuschmeicheln. Dieses Verhalten ist nicht das echte Gute, sondern ist Heuchelei. Es handelt sich um einen Trick, den vermeintlichen oder echten Gegner einzulullen. Das sind die Wölfe im Schafspelz, die Güte, Väterlichkeit oder Mütterlichkeit, Hilfsbereitschaft und Mitgefühl nur vortäuschen. Auf diese Weise soll auch kaschiert werden, daß der Mut zur offenen und klaren Auseinandersetzung fehlt.

So verstehe ich auch, warum der Ausdruck des Bösen eine faszinierende Ausstrahlung haben kann. Der rücksichtslos und schonungslos offene Böse, der keinen Hehl aus seiner

Wut macht, der brutal ausspricht, daß er andere für seine Zwecke benutzt, der spontan auf Fehler anderer hart im Urteil reagiert, der kein Blatt vor den Mund nimmt und seinen Zorn offen zeigt, der kommt dem Schüchternen und Unsicheren grandios und erfolgreich vor. Sie selbst würden sich das nicht trauen; sie verstecken sich hinter der Maske der Freundlichkeit und Diplomatie. Diese Heuchelei ist nicht das Gute, sondern das Böse. Der Heuchler bewundert den ungeschminkten Egoisten, den Ellenbogenmenschen, der das realisiert, was er sich heimlich wünscht, aber nicht wagt zu leben. Er wagt es nicht, weil er nicht die Kraft fühlt, mit den möglichen negativen Folgen zurechtzukommen. Er hat Angst, zuviel zu riskieren, er hat Angst, unangepaßt zu sein, sich mit anderen anzulegen, sich Feinde zu schaffen.

Und nun verstehe ich auch, warum böse Männer und Frauen nicht einsam und isoliert leben. Im Gegenteil, sie haben meist Partner, die ihnen voll ergeben und bereit sind, alles für sie zu tun. Die Faszination des Bösen wirkt auf das jeweilige andere Geschlecht durchaus erotisch anziehend, und zwar sowohl auf schwächere Männer als auch auf schwächere Frauen. Sie fühlen sich an der Seite eines Bösen sicher und geborgen, bewundern die Kraft und den spontanen risikovollen Einsatz für egoistische Belange.

Die geringste erotische Anziehung haben Feiglinge und Heuchler, wenn sie keine perfekten Blender sind, sondern durchschaut werden. In der Beziehung zwischen Mann und Frau ist die Bravheit und Angepaßtheit tödlich für die Erotik. Auch die Erotik impliziert einen Kampf der Geschlechter – um Anerkennung, um bewundert zu werden und zu bewundern. Der Mann möchte erobern, und die Frau will verführt und erobert werden. Wenn der Mann zu brav ist, zu zartfühlend und einfühlsam, dann fehlt die erobernde Aggression. Und wenn die Frau zu schüchtern, zu bescheiden ist, sich ihrer sexuellen Anziehung nicht selbstbewußt

sicher ist, dann strahlt sie keine Verführungsbereitschaft
aus. Das ›Nein‹ einer braven Angepaßten klingt anders als
das ›Nein‹ einer selbstbewußten Frau, die bereit ist, das
Spiel zuzulassen, erobert zu werden.

Das Böse wirkt stark, selbst wenn die äußeren Verhältnisse schlecht sind. Einem Bösen traut man zu, daß er sich
durchboxt und daß er es ›schafft‹. Diese Faszination des
Bösen wird in Spielfilmen über Gangster und Ganoven aus-
genutzt. Dann erhält Alain Delon als Darsteller solcher
Ganoven den Spitznamen ›Eiskalter Engel‹. Dieser Name
drückt Faszination aus. Eigentlich sehnen wir uns nach dem
Guten, nach Mitgefühl und emotionaler Wärme, aber der
eiskalte Engel, der Teufel mit dem schönen Gesicht, dem
guten Benehmen und der Unerschrockenheit, der fasziniert
uns sehr.

Nun ist das Stichwort Teufel gefallen. Er symbolisiert
bekanntlich das Böse. Er ist ein Nihilist und Verneiner des
Lebens. Er ist destruktiv und nicht konstruktiv. Neulich
habe ich auf einem T-Shirt gelesen: »Gute Mädchen kommen in den Himmel, schlechte Mädchen kommen überall
hin.« Das drückt etwas davon aus, daß das Gute, der Himmel und die Harmonie nicht diese Faszination ausstrahlen.

Aber wohlgemerkt: Das geheuchelte Gute, das Ange-
paßte wird hier gemeint. Das wahrhaftig Gute ist nämlich
nicht angepaßt. Der wirklich Gute kann auch streng auftreten. Der authentisch Gute kann auch zornig und aggressiv
werden, denn darin liegt kein Widerspruch. Für das Gute
zu kämpfen, das besitzt auch wieder eine Faszination,
besitzt erotische Anziehung. Leider sind die guten Kämpfer
seltener als die bösen. Die Wölfe im Schafspelz dagegen sind
in der Überzahl.

Der authentisch Gute riskiert sehr viel, wenn er unmiß-
verständlich und deutlich sagt, was er will und was er für
unrecht hält. Wer das Mitgefühl in sich entdeckt hat und lie-

besfähig durch die Welt geht, der entwickelt auch die Kraft, dafür zu kämpfen und dafür einzutreten. Er lullt seine Mitmenschen nicht in einer geheuchelten Harmonie ein. Harmonie und Gelöstheit sind positive Erlebnisse, aber sie müssen in dieser Gesellschaft verteidigt werden. Der authentische Gute hat vielleicht sogar mehr Feinde und Gegner als der Böse. Er hat nur den Vorteil, daß er vom Leben mehr erhält, weil er sich mehr öffnet. Er erlebt, die Freude zu lieben und seine Liebe zu geben, ohne etwas zu erwarten. Von der Natur erhält er Liebe zurück, denn seine Sinne sind geöffnet. Von den Menschen erhält er viel weniger zurück, weil sie in Problemen verstrickt sind. Aber das weiß er; er erfaßt das mit Intuition und ist deshalb nicht enttäuscht. Er kann Liebe geben, ohne Liebe zu bekommen, und fühlt sich dabei nicht schwach. Seine Liebe ist nicht geheuchelt, sondern echt. Nur wer ein Geschäft machen will, wer mehr bekommen will, als er gibt, der muß heucheln.

27.
Ist das Böse
erfolgreicher?

Jeder wird immer wieder in seinem Leben vor die Frage gestellt, ob er sich in dieser oder jener Situation für das Gute oder das Böse entscheiden soll. Das Gute ist ein Ideal. Wir *wollen* gute Menschen sein. Unter ›gut‹ verstehen wir ein Verhalten, das anderen nicht schadet, sie nicht verletzt oder kränkt. Wir versuchen, auf andere Rücksicht zu nehmen, sie nicht wissentlich zu betrügen, ihnen nicht zu schaden. Wir versuchen, auf andere einzugehen, liebevoll mit ihnen umzugehen, sie nicht zu überfordern oder unter Druck zu setzen. Das Gute ist eine liebevolle Grundhaltung zu den Mitmenschen. Es handelt sich aber – ich sage es nochmals – um ein Ideal und nicht um die Realität. Wer sich dem Ideal versucht anzunähern, der ringt mit dem Guten und dem Bösen in sich. Wenn das Böse siegt, dann wurde das Ideal nicht erreicht; also ist man zerknirscht und martert sich mit Selbstvorwürfen und einem schlechten Gewissen. Die dem Ideal nacheifern, das sind die Angepaßten, die Braven, die ›gut ankommen‹ wollen, vor sich selbst und vor anderen. Der Gute möchte sympathisch erscheinen, um auf diese Weise seine Ziele zu erreichen.

Die Wirklichkeit sieht jedoch so aus: Die Menschen stehen in Konkurrenz zueinander, und egoistische Interessen treffen aufeinander. Die Leistungsgesellschaft und das Wirtschaftssystem sind auf Konkurrenz ausgerichtet. Der Cleverere, Intelligentere, Schnellere, Tüchtigere siegt – und natürlich derjenige, der rücksichtslos seine Ziele verfolgt, was bedeutet, daß Konkurrenten und Mitbewerber ausgebootet werden. Wer vor keiner Intrige zurückscheut, wer ohne Skrupel sich selbst ins Spiel bringt und in Szene setzt, der wird gewinnen. Es wird deshalb gelogen, gefälscht, getäuscht, betrogen, andere werden verleumdet, es werden Informationen zurückgehalten und Informationen bewußt gefälscht. In diesem Kampf werden alle verfügbaren Mittel eingesetzt. Wahrhaftigkeit, Mitgefühl, Korrektheit, Güte, Ehrlichkeit zählen dabei nicht. Das ist keine pessimistische Sichtweise, es ist eine Tatsache. Sie wird allerdings oft nicht erkannt, weil das böse Spiel getarnt wird. Kaum einer wird das offen zugeben, daß er rücksichtslos und intrigant vorgeht, um seine Ziele zu erreichen. Er wird nach außen die Maske des Biedermannes tragen und sich nicht als rücksichtsloser Böser zu erkennen geben. Er wird allerdings auch nicht den Guten heucheln, sondern kehrt die anerkannten Werte hervor: Intelligenz und Sachlichkeit, Ehrgeiz, Energie, Selbstbewußtsein und Tatkraft, Redegewandtheit und Bildung, Welterfahrenheit und Menschenkenntnis etc. Wer jedoch genau hinschaut, wird hinter der Maskerade des tüchtigen und anerkannten Angestellten, Selbständigen oder Unternehmers Härte und Rücksichtslosigkeit spüren. Wer sehr genau hinschaut, wird dahinter auch Weichheit und Sensibilität, Hilflosigkeit und Angst, Depression und Bedürfnis nach Liebe sehen. Wir dürfen uns jedoch nicht täuschen lassen von dieser sympathisch erscheinenden Menschlichkeit. Natürlich ist der Böse auch nur ein Mensch, mit Ängsten und einem Bedürfnis nach Liebe. Dennoch ist er nicht gut. Sobald es darum geht, seinen Vorteil zu wahren, sticht er rücksichtslos zu. Das Gute ist für ihn kein Ideal, sondern höchstens eine Maske.

Hat also das Gute gegenüber dem Bösen verloren? Es hat dann verloren, wenn das Gute glaubt, mit Gutheit überzeugen und siegen zu können. Im Kampf des Guten gegen das Böse verliert das Gute meist. Nur in kitschigen Filmen und Romanen besiegt das Gute das Böse letztendlich doch, nicht in der Wirklichkeit des Lebenskampfes. Die Bösen schieben die Guten einfach zur Seite. Das Böse setzt Mittel ein, die wirkungsvoller sind. Mit dieser Situation kommt also nur der Gute zurecht, der gleichzeitig ein Weiser ist, ein Erkennender und Durchschauender.

Der Weise läßt das Böse geschehen und setzt keinen persönlichen Ehrgeiz ein, neben dem Bösen bestehen zu wollen. Der Weise nimmt den Kampf nicht auf, denn er weiß, daß er verlieren würde. Für ihn ist das Gute aber deshalb nicht sinnlos. Der Sinn des Guten liegt nicht im Kampf, sondern im Sein. So wie für ihn die Liebe im Glück darin besteht, zu lieben, und nicht in der Erwartung von Gegenliebe. Der Weise weiß, daß er oft beiseite geschoben wird, doch Brutalität und Lüge, Intrige und Verleumdung können ihn nicht kränken, weil er darauf vorbereitet ist und damit rechnet. Er selbst setzt diese Mittel nicht ein, aber er erkennt diese Mittel schon im Ansatz, wenn sie gegen ihn und seine Mitmenschen angewandt werden. Die Stärken des Weisen sind diese Wachheit und jene schonungslose Sicht der Tatsachen und seine Geduld. Er nimmt das Böse nicht persönlich, sondern betrachtet es wie ein Naturschauspiel. Er beobachtet den Bussard, der über einer Wiese kreist, wie er sich vom Wind davontragen läßt, dann seine Kreise enger zieht und plötzlich herunterstürzt, um eine Maus zu ergreifen. Er beobachtet das und weiß, daß die Maus nun sterben wird. Das ist nicht als Gleichnis des Kampfes ums Überleben gemeint. Es soll damit nicht das Böse unter Menschen gerechtfertigt werden. Der Kampf unter Artgenossen ist etwas anders als der Lebensrhythmus Löwe schlägt Gazelle.

In der Kontemplation überwinden wir den Kampf. Wenn der Weise von einem bösen Artgenossen angegriffen wird, dann wird er sich natürlich verteidigen. Aber er weiß, daß die Methoden des Gutsein-Ideals hier nicht erfolgreich sein können. Also muß er besonders intelligent und wachsam sein. Er nimmt diesen Angriff nicht persönlich. Er wird handeln, wenn es erfoderlich ist, und er wird nichts tun, wenn es besser ist, nichts zu tun. Er wird beobachten und nicht in Panik geraten. Er weiß, daß das Böse stärker ist und erfolgreicher, er weiß, daß das Gute dagegen weniger Chancen hat. Er wird unbeirrt seine Erkenntnis des Guten vertreten, und auch wenn er zur Seite gedrängt wird, ist er nicht gekränkt oder wird verbittert. Er bezieht seine Kraft aus den Quellen des Herzens und der Seele. Diese Kraft vermittelt eine besondere Stärke, die ihn glücklich macht. Die mitfühlende und liebende Haltung ist von Dauer. Der Böse wird zwar erfolgreicher sein, er wird mehr Statussymbole besitzen, äußere Macht haben, politischen Einfluß, mehr Ruhm, aber davon läßt sich der Weise nicht blenden. Die Guten werden in der Minderzahl bleiben; doch auch darüber wird er sich nicht grämen. Er wird auch nicht mit missionarischem Eifer die Bösen bekehren, denn sie werden ihn nicht verstehen. Selbst wenn sie ihn verstünden, so würden sie das Verstandene für sich selbst ablehnen. Der Weise mag ja recht haben, aber der Böse würde nicht mit ihm tauschen wollen. Das Böse übt für die Bösen selbst und für die Mehrheit der Menschen eine stärkere Faszination aus. Der Weise weiß das – und er weiß auch, daß Weisheit nicht hoch im Kurs der Werte steht.

28.
Ist das Böse erotisch anziehender?

Über die Liebe haben wir bereits gesprochen. Zwischen Mann und Frau kommt die Sexualität als Komponente hinzu und erzeugt die Erotik. In Partnerschaften geht es also nicht nur um Liebe und Liebesfähigkeit, sondern auch um erotische Anziehung. Hiervon handelt das folgende Gespräch mit einer zweiundvierzigjährigen Frau, die dreimal geschieden ist und aufgrund einer neuen Partnerschaft vor der Frage steht, ob sie ein viertes Mal heiraten soll.

»Ich habe immer aus Liebe geheiratet, wobei die sexuelle Erfüllung nicht immer gestimmt hat. Mein derzeitiger Partner ist dreiundfünfzig, er hat eine gescheiterte Ehe hinter sich und hat sich sehr in mich verliebt. Er möchte mich deshalb in diesem Jahr noch heiraten. Aber ich bin mir nicht mehr sicher, ob ich die Ehe eingehen will. Darüber möchte ich mich mit dir ganz offen unterhalten. Ich tappe etwas im dunkeln und bin verwirrt«, begann sie das Gespräch.

»Du solltest mir offenbaren, was dich verwirrt. Du sagtest, daß er dich liebt. Was empfindest du dabei?«

»Ich finde es natürlich schön, daß er mich liebt, ich genieße das, es tut mir gut. Er beschenkt mich, lädt mich zu Urlauben ein, hält meine Hand, macht mir Komplimente. Er ist ein guter Mensch. Ich spüre, daß er mich als Frau verehrt. Auch sexuell gibt es eigentlich keine Probleme.«

»Was heißt ›eigentlich‹? Wenn jemand ›eigentlich‹ sagt, dann gibt es ein Problem.«

»Ich weiß nicht, wie ich es erklären soll. Das fällt mir schwer. Sexuell ist alles normal. Er hat seinen Orgasmus, er ist ein guter Liebhaber, er dreht sich danach nicht egoistisch auf die Seite, sondern streichelt mich. Ich bekomme bei ihm jedoch selten einen Orgasmus. Ich finde die Sexualität mit ihm angenehm. Sein Körper ist anziehend, er sieht gut aus, und er ist lieb. Aber ich fühle mich irgendwie in der Falle. Ich denke, wenn ich neben ihm liege, daß ich Glück habe mit ihm als Mann. Aber es fehlt die Spannung. Ich empfinde keine prickelnde innere Anspannung, wenn ich ihn sehe und wenn wir zusammen sind.«

»Bekommst du deshalb keinen Orgasmus? Hast du ihn, wenn du onanierst?«

»Ja, dann natürlich.«

»Hast du dabei besondere Phantasien?«

»Ja, ich denke daran, daß der Mann in aggressiver Art mit mir zusammen ist, daß er mich ab und zu dabei schlägt, daß er sehr wild ist und rücksichtslos mit mir umgeht. Ich halte mich allerdings nicht für eine Masochistin. Ich neige im Alltag nicht dazu, mich unterzuordnen. Ich bin Individualistin und weiß genau, was ich will. Beruflich bin ich erfolgreich und kann mich gut durchsetzen. Ich kann mich behaupten, bin selbstsicher und lasse mir nichts gefallen. Ich kann kämpfen und habe einen Siegerwillen in mir. Nein, ich sehe mich nicht als Masochistin.«

»Kannst du einen Mann lieben?«

»Ich bin liebesfähig, ich kann sehr lieben und auch Liebeskummer durchleiden, wenn meine Liebe nicht ankommt.«

»Muß ein Mann für dich eine Herausforderung sein? Brauchst du den Kampf in der Partnerschaft?«

»Ich glaube, nun kommen wir zum Kern der Sache. Ich verliebe mich in starke Männer, die nicht so leicht zu kriegen sind. Starke Männer, da meine ich keine sportlichen Athleten, sondern Männer, die mich begehren, aber bei denen man nie weiß, was die nächste Stunde bringt. Es ist verflixt, ich möchte geliebt werden und genieße Zärtlichkeit und Aufmerksamkeit, aber ich darf nicht das Gefühl haben, daß der Mann sich dann auf die Couch legt, selbstzufrieden ein Glas Wein trinkt und es sich gemütlich macht. Dann fühle ich mich in der Falle und denke, so kann das doch jetzt nicht weitergehen. Das ist mir zu langweilig, dann ist die prickelnde Anspannung weg, oder die Schmetterlinge im Bauch sind nicht mehr da. Das wirkt sich bei mir auf die Erotik aus. Ich bekomme dann keinen Orgasmus mehr. Wenn wir zusammen schlafen, stelle ich mir vor, daß er mich schlägt oder daß ein zweiter Mann dazukommt, der seine sexuelle Begierde brutaler zum Ausdruck bringt, und dann bekomme ich einen Orgasmus. Er weiß natürlich nichts von diesen Phantasien. Ich schäme mich, mit ihm darüber offen zu reden. Er wäre sehr enttäuscht und in seiner Liebe gekränkt. Er liebt mich und würde mich deshalb nicht mit einem anderen teilen wollen. Ich greife manchmal zu dem Trick, daß ich mich mit ihm streite, ihn angreife, damit er sich verletzt fühlt und sich wehrt. Dann spüre ich, wie er Angst bekommt, mich zu verlieren. Ich beende den Streit, indem ich ihn verführe, denn dann spüre ich in seiner sexuellen Begierde mehr Heftigkeit und diesen aggressiven Impuls, den ich brauche. Dann bekomme ich auch einen Orgasmus. Aber es ist auf die Dauer kein Zustand, sich zu streiten, damit erotische Spannung entsteht.«

»Liebst du ihn unabhängig von der erotischen Spannung?«

»Ich war anfangs sehr in ihn verliebt. Aber als diese normale Lebensgemeinschaftslangeweile aufkam, hatte ich ihn zwar gern, ich mag ihn, er ist ein gutaussehender und beruflich erfolgreicher Mann, aber wenn die Erotik verschwindet, kann ich nicht mehr von dieser besonderen Liebe sprechen. «

»Dann solltest du ihn nicht heiraten. Du würdest ihn unglücklich machen und fremdgehen. Dann würdet ihr euch gegenseitig umlauern und bekriegen. «

»Ja, ich würde dann fremdgehen. Es hat für mich einen erotischen Reiz, mit einem anderen Mann ins Bett zu gehen, den ich nicht gut kenne, der für mich ein Geheimnis ist. Das hat etwas Abenteuerliches und vermittelt mir sexuelle Energie, die mich zum Orgasmus bringt. Vielleicht sollte ich deshalb gar nicht mehr heiraten und mich frei ausleben. Oder ich treffe auf einen Mann, der mir Spannung auch in einer Lebensgemeinschaft vermitteln kann. «

»Was könnte das für ein Mann sein? Versuche ihn zu beschreiben. «

»Es müßte ein Mann sein, der die Stärke der Freiheit ausstrahlt, einer, der weiß, was er will. Er darf nicht so leicht einzuschätzen sein, ich darf mir nicht sicher sein, ob er mich liebt. Er sollte unberechenbar und egoistisch sein. Ich hatte immer das Problem, daß ich die Männer, die ich kriegen konnte, nicht wollte, sondern die, die nicht so leicht zu bekommen waren. Mächtige Männer haben auf mich eine faszinierende Ausstrahlung, Männer, die Einfluß haben, eine autoritäre Ausstrahlung besitzen, die ihren Willen zum Ausdruck bringen und auch sexuell dominant fordern, was sie wollen. Diese autoritäre Gesamthaltung fasziniert mich, das bringt mich erotisch in Wallung, sie zu verführen. Vielleicht hat das wenig mit Liebe zu tun. Obwohl, zu diesen Männern kann ich zärtlich sein, ich mache mir Gedanken, wie ich ihnen eine Freude machen kann. Die Männer, die mir liebevoll jeden Wunsch von den Augen ablesen, von denen lasse ich mich verwöhnen. Das ist angenehm, aber mehr nicht. «

»Du hast gesagt, was du in der Beziehung zwischen Mann und Frau brauchst. Das war eine sehr klare und deutliche Aussage. Kompliziert wird es, wenn du in Frage stellst, was du suchst, wenn du das ändern möchtest. Dann wäre sehr viel Einsicht in die Zusammenhänge erforderlich. Jedenfalls ist klar, daß du derzeit einen lieben, braven, angepaßten Mann nicht heiraten solltest, da du von anderen Reizen fasziniert bist. Es ist sehr wichtig, daß wir darüber Klarheit bekommen, was uns fasziniert. Das Warum herauszufinden ist eine wunderbare und wichtige Selbsterforschung, mit der du dich weiter kennenlernst.«

29.
Was ist das
Böse?

Von dem Philosophen Robert Spaemann, der bis 1992 an
der Universität München lehrte, las ich in einem *Focus*-
Interview folgende Sätze zum Bösen in der heutigen Gesellschaft: »Die Menschen sind verführbar, das ist es. Aber wer
verführt sie? Angesichts der Erfahrung scheint mir die
Annahme einer die Menschen verstrickenden, übermensch-
lichen bösen Macht rationaler zu sein als der Verzicht auf
diese Annahme.«

Die Menschen sind verführbar. Das ist eine Tatsache. Ich
spreche von Manipulierbarkeit und Fremdbestimmung.
Wir hören auf die Meinung anderer und übernehmen Normen, die uns vermittelt werden unter dem Vorzeichen, daß
man es ›nur gut‹ mit uns meint. In vielen dieser Normen
steckt schon das Böse. Durch Elitedenken, Nationalismus,
religiösen Dogmatismus, um nur drei ›Verführungen‹ zu
nennen, wird als Folge Böses erzeugt.

Ich wundere mich, daß ein siebenundsechzigjähriger
Philosoph die naiv klingende Frage stellt: »Aber wer verführt sie?« Menschen manipulieren Menschen. Ich glaube
nicht an eine die Menschen verstrickende, übermenschliche
Macht und halte den Verzicht auf diese Annahme für besser.
Der Mensch bringt das Böse selbst in die Welt; keine übermenschliche Macht drängt ihn dazu. Es gibt also kein Abge-
ben der Verantwortung an die ›böse Macht‹.

Das Böse übt Anziehungskraft aus, es erzeugt Spannung; deshalb wird es von Romanautoren und Filmemachern so häufig dargestellt. Ich verstehe ihre Absicht, auf diese Weise Spannung zu erzeugen und den Zuschauer zu fesseln. Eine Gewaltszene auf dem Bildschirm wirkt aufmerksamkeitserregender als das Stimmungsbild einer Landschaft. »Der Zuschauer braucht Action«, sagte mir ein Regisseur. Er meint, dann schaut er hin, der Zuschauer. Und er, der Regisseur, will, daß der Zuschauer hinschaut, denn das ist dann sein beruflicher Erfolg. Da aber auch Gewalt abstumpft, muß die Gewalt immer spektakulärer gezeigt werden. Wo führt das hin? Ich möchte nicht behaupten, daß Gewalt automatisch zur Nachahmung führt. Wer eine brutale Schlägerei im Kino miterlebt, verläßt nicht unbedingt das Kino, um eine Schlägerei anzuzetteln.

Wir werden durch die Medien (TV, Kino, Illustrierte) zu Zuschauern der Gewalt und des Bösen. Es tritt mehr und mehr Gewöhnung ein. Unser Aggressionspotential wird dadurch nicht erhöht. Aber die Gewalt und das Böse in ihr hinterläßt Spuren. Das Böse wird selbstverständlicher, es gehört dazu, wir empören uns nicht mehr, es stumpft Mitgefühl ab, weil wir mit sensiblem Mitgefühl zu sehr schokkiert wären und uns dagegen verwahren müßten. Solche ›Sensibelchen‹ wollen wir aber nicht sein, denn es gilt als normal, sich diesen Spannungskicks auszuliefern, sie über sich ergehen zu lassen und anschließend cool darüber palavern zu können.

Als Zuschauer werden wir mit Gewalt konfrontiert. Wir halten das aus und stehen das seelisch durch. Auf diese Weise dringt eine Gewaltphilosophie in uns ein, die ich so beschreibe: Gewalt gehört zum Leben. Man muß sich gegen andere wehren, wenn es sein muß, mit allen Mitteln, mit Waffen, mit Zähnen und Klauen, mit Tricks und Täuschungsmanövern, mit dem Mut zum Sprung aus dem Fenster, mit der Kaltblütigkeit, den Gegner in eine Feuersbrunst laufen zu lassen, ihn in einen Bottich mit Salzsäure zu werfen, ihn von einer Dampfwalze überrollen zu lassen, ihm auf die Finger zu treten, wenn er am Sims hängt. Gerechtfertigt ist das, weil er ein Mörder ist, ein Spion, ein Krimineller, einer, der anderen nach dem Leben getrachtet hat. Der Regisseur hat viele solcher Gründe, warum er den entsetzlichen Untergang eines Menschen mit aller Deutlichkeit und Scheußlichkeit vor Augen führt. Denn auch der Gute wurde gezeigt, wie er vom Bösen malträtiert und in Angst und Schrecken versetzt wurde. Das ist alles spannend. Die Aufgabe der Medien ist es, Spannung zu erzeugen. Das ist ihr Job.

Was geschieht aber in Seele und Geist der Zuschauer danach? Da keiner nach Verlassen des Kinos oder nach Ausschalten des TV-Geräts aggressiv auf den anderen losgeht, mag wohl alles in Ordnung sein und scheinbar verarbeitet. Das Gesehene wird jedoch nicht vergessen, es wirkt weiter. Die Folgen sind Ängstlichkeit und Mißtrauen – und die Auffassung, daß man im Leben hart kämpfen muß, daß man vom Bösen bedroht wird und sich dagegen zur Wehr setzen muß. Es wird also einerseits Angst und Unsicherheit gesteigert und andererseits die Durchsetzung in der Realität zu einem Problem. Direkte Gewalt ist im Alltag ja verpönt; also muß man sich diesbezüglich sehr zurücknehmen. Der Kampf verlagert sich in den Kopf. Die Seele fühlt sich vom Bösen bedroht; das Böse zu bekämpfen verlangt Böses. In Gedanken wird durchgespielt, wie man die anderen abwehren und ihnen schaden kann. Also versuchen wir, Sicherheiten zu schaffen, Status zu erlangen, Vermögen zu erwerben, um selbst gut dazustehen, und machen die anderen, die wir für Feinde halten, schlecht, begehen Rufmord. Wir kämpfen nicht mit offener körperlicher Gewalt, sondern mit Intrige und mit Worten.

Das Böse ist in uns eingedrungen, und wir kämpfen dagegen mit bösen Mitteln. Deshalb behaupte ich, das menschliche Miteinander wird immer schwieriger, weil das Böse von uns allen Besitz ergriffen hat und weil wir böse handeln, getarnt natürlich, selten wirklich offen. Du triffst selten auf einen Menschen, der sich zu seinen bösen Gedanken und Methoden bekennt. Die meisten durchschauen es selbst nicht, denn als Kämpfer gegen das Böse halten sie sich ja für gerechtfertigt – wie der Regisseur, der mit dieser Dramaturgie zum Erfolg gelangt. Was er damit anrichtet, das ist nicht sein ›Ding‹, das überläßt er den Psychologen und Philosophen. Dann ist es aber bereits geschehen. Die Philosophen spekulieren über diese Vorgänge in Kopf und Seele, die wissenschaftlich nicht exakt greifbar sind. Das Böse ist jedenfalls in den Köpfen vorhanden, das Gute bleibt dabei auf der Strecke, denn das Böse wird durch Böses bekämpft. Das ist das entstandene Welt- und Menschenbild der Zuschauergeneration.

30.
Warum ist das Gute so wenig attraktiv?

Zunächst einmal möchte ich nochmals rekapitulieren, was das Gute ist. Der gute, der positive Mensch besitzt vor allem Mitgefühl für seine Mitmenschen. Sein Gefühl für andere ist nicht abgestumpft oder gar ins Negative verkehrt. Er ist seelisch nicht so verholzt, daß keine Gefühle mehr durch seine Seele pulsieren können.

Der Begriff Seele besitzt die entscheidende Bedeutung, denn der Körper ist, wie ich immer wieder betone, nur die materielle Basis. Der Geist ist nur eine Fähigkeit mit Werkzeugfunktion, die Seele aber ist das Zentrum. Die italienische Mystikerin Katharina von Siena (1347 bis 1380) formulierte es so: »Die Liebe trägt die Seele wie die Füße den Leib.« Dieser Gedanke weist uns also noch einen Schritt weiter. Katharina von Siena sagt, daß der Körper auf den Beinen steht und von den Füßen getragen wird; sie schreibt der Liebe diese elementare Bedeutung (wie die Füße für den Körper) für die Seele zu. Die Seele ruht also auf der Liebe und wird von ihr getragen von einem Tag zum anderen und von Ort zu Ort. Wenn wir von Seele sprechen, dann reden wir von Mitgefühl und von Liebe. Wenn wir von diesen beiden Komponenten der Seele reden, dann müssen wir auch von Freiheit, Gelöstheit und Sensitivität sprechen, denn Liebe ist nur in ihrer Entfaltung möglich, wenn Gelöstheit und Freiheit bestehen.

Der Unfreie und der nicht Gelöste, also der Angehaftete, der Angespannte, der Angebundene, befinden sich in einer Situation, die Mitgefühl und Liebe nicht zur Entfaltung bringen kann, da sie durch ihre Unfreiheit Probleme besitzen, die im Vordergrund stehen, nämlich erst einmal frei zu werden. Wer in Gefangenschaft lebt, hat das elementare Bedürfnis, frei zu kommen – seine sonstige Offenheit ist dann beschränkt. Natürlich besteht die Möglichkeit, auch in Gefangenschaft zu lieben. Weil wir etwas geliebt haben, die Blätter im Herbstwind, eine Frau oder einen Mann, werden wir Kraft und Energie daraus entnehmen und uns in Liebe wieder offen zuwenden können, vor allem später – in der Freiheit, die wir ersehnen.

Wenn die Gefangenen im Dogenpalast von Venedig zum Gerichtsverfahren geführt wurden, dann konnten sie auf diesem Weg aus den Fenstern einen Blick auf das Meer und den Himmel werfen. Nach der Qual der Gefangenschaft ist dieser Blick in die Freiheit der Welt von ungeheurer Intensität. Deshalb haben manche Gefangene auf diesem Weg bei diesem Blick aufgeseufzt, vielleicht sogar aufgeschrien. Die Bürger von Venedig haben diese schreienden Seufzer durch die Fenster gehört, und deshalb heißt dieser Übergang über einen kleinen Kanal, der darunter verläuft, ›Seufzerbrücke‹. Vor dieser weltberühmten Seufzerbrücke lassen sich jährlich Hunderttausende von Touristen fotografieren. Aber kaum einer kennt den wirklichen historischen Hintergrund. Viele Hochzeitsreisende glauben, es wäre ein Ort, an dem sich Liebespaare trafen. Er war in der Geschichte von Venedig aber nie ein solcher Ort, sondern ein Platz des Schauderns. Und doch hat die Seufzerbrücke viel mit der Liebe zu tun, denn der erhaschte Blick in die Freiheit ist Liebe, und das Aufstöhnen der Gefangenen ist der Aufschrei ihrer Seele, die die Liebe vermißt hat und sie plötzlich schockartig in der Seele fühlt. Freiheit ist Liebe, und Liebe braucht Freiheit. Freiheit ist der Sauerstoff zum Atmen, damit Liebe leben kann.

Wer weiß, was Liebe ist, und wer liebend lebt, der hat auch Mitgefühl für alle Lebewesen. Das ist das Gute. Das Wort ›Güte‹ hängt damit zusammen. Wer liebt, kann gütig sein. Mitgefühl bedeutet, gütig sein zu können. Warum ist das nicht attraktiv? Warum werden wir von Gewalt, Schrekken, Terror und Angstszenen in den Medien mehr gefesselt und weniger von Mitgefühl und Liebe, also Güte, Toleranz und Freiheit?

Das Böse ist einfacher, denn es ist das Brutale, das wir fürchten. Andererseits sehnen wir uns nach Freiheit und Liebe. Seltsam, aber vielleicht gar nicht so seltsam ist die Wertung: Liebe, Mitgefühl und Güte werden als ›kitschig‹ und ›romantisch‹ bezeichnet. Woher kommt die Abwertung? Warum ist Liebe ›kitschig‹? Auch das Schöne gilt als kitschig, während das Häßliche, die Gewalt, die Spannung, die Aggression nicht kitschig sind. Warum ist das so?

Für einen Künstler, der eine Arbeit vorlegt, ist es das schlimmste Werturteil, wenn es heißt: »Kitschig!« Ist das Schöne und Gute kitschig? Ist die Liebe kitschig? Sind Gewalt und Aggression Kunst?

Wir sollten unterscheiden zwischen geschönter Wirklichkeit, um einen Zuckerguß darüber zu gießen, und der realen Wirklichkeit, in der es Liebe und Freiheit gibt. Der Gefangene, der einen Blick aus dem Fenster wirft und vor erfüllter Sehnsucht aufseufzt, denkt weder an Kunst noch an Kitsch. Seine Seele reagiert. Er will nichts verschönen. Kitsch überzieht die Wirklichkeit verschönend und will sich so verkaufen. Die unfreie Seele will aber nichts verkaufen.

Die Seele steht auf den Beinen der Liebe sicher und fest. Das ist kein Kitsch. Das Gute ist nicht kitschig. Deshalb läßt es sich nicht so gut verkaufen wie wirklicher Kitsch. Das wirklich Gute ist das eine, das herbeigekünstelte Gute ist etwas anderes. Wir schauen etwas verächtlich auf das Gute, vielleicht weil es langweiliger wirkt als das Böse, aber auch, weil wir vom Bösen schon durchdrungen sind. Wir sind Gefangene, zwar nicht in konkreten Kerkern des Dogenpalastes, aber in den Gefangenheiten der Gesellschaft. Gefangene interessieren sich für das Leben von Gefangenen; unterdrückt Aggressive interessieren sich für ausgelebte Aggressionen. Liebende interessieren sich nicht für diese Dinge – sie gehen in ihrer Liebe auf. Liebe ist Erfüllung, und darin liegt keine Spannung. Liebe ist jenseits von Kunst und Kitsch. Kunst und Kitsch sind nur Etiketten, die von Intellektuellen eingesetzt werden. Ein Liebender und eine Liebende werden ihre Liebe nicht als Kitsch empfinden. Und das ist sie auch nicht. Es geschieht zwischen ihnen das Gute. Das hat keine Attraktivität für die Außenwelt; sie ist entweder neidisch oder hält das, was geschieht, für unspektakulär. Mitgefühl, Liebe und Güte besitzen keine Attraktivität für die anderen. Attraktiv wirkt das erst als Kitsch; es muß dann überhöht und gesteigert werden, also überromantisiert erscheinen. Wirkliche Liebe aber ist nicht sentimental. Also hat sie als Kitsch keine Chance.

So pendeln wir in den Medien zwischen Gewalt und Kitsch hin und her. Die Wirklichkeit von Mitgefühl, Liebe und Freiheit bleiben auf der Strecke. Wir dürfen uns deshalb nicht an der Welt der Medien orientieren, sondern können die Wahrheit, Wirklichkeit und Echtheit nur in uns selbst finden. Unsere Seele steht auf den Beinen der Liebe. Dann fällt die gesamte Medienwelt – mit Kunst und Kitsch – in eine Entsorgungsmülltonne.

31.
Warum gefällt uns die Verbindung
Freiheit und Liebe nicht?

Besonders eindeutig ist Freiheit im Gegensatz zur Gefangenschaft, wie am Beispiel des Verlieses des Dogenpalastes angedeutet. Die Sehnsucht nach Freiheit versteht hier jeder. Komplizierter wird es bei der Definition der politischen Freiheit oder der Religionsfreiheit und noch komplizierter bei einer Diskussion um die persönliche Freiheit, wenn es darum geht, wann Freiheit legitim ist und wann sie die Rechte und Freiheiten anderer berührt. Spannender (und noch schwieriger) wird es, wenn Freiheit, Liebe und Sexualität zusammenkommen.

Wieviel Freiheit darf man sich nehmen, und an welchem Punkt stört dich die Freiheit des anderen? Hat Freiheit etwas mit Kreativität zu tun? Ist totale Freiheit auch zu akzeptieren? An welchem Punkt wird eine Schwelle überschritten? Ist Anpassung notwendig und Freiheit deshalb nur in Grenzen möglich? Soll man sich an die Regeln der Gesellschaft halten, aber bis zu welchem Grad? Bedeutet Freiheit, daß man sich über alle Regeln hinwegsetzen kann?

Sicherheit ist ein sehr positiver Wert, Freiheit aber unter bestimmten Voraussetzungen auch. Wie läßt sich unser Streben nach Sicherheit, Geborgenheit und Ordnung mit dem Streben nach Freiheit unter einen Hut bringen? Wir lieben die geregelten, klar überschaubaren Verhältnisse, lieben aber auch das Abenteuer. Etwas absolut sicher Geplantes birgt aber keinen Freiraum mehr für Abenteuer. Wir suchen die Regelung, die gesicherten Verhältnisse – und haben wir sie erreicht, dann langweilen wir uns und versuchen das Unsichere, um auch das zu erproben. Das klingt alles sehr allgemein und nicht auf die Liebe bezogen. Ich versuche, das Generelle bewußtzumachen, damit wir zum scheinbar Speziellen vordringen können, denn die Liebe ist gar nichts Spezielles, sondern ist auch etwas sehr Allgemeines, das sich durch unser ganzes Leben zieht. Wie können wir mit dem Widerspruch leben, mit dem Wunsch nach Sicherheit und der Sehnsucht nach Abenteuer? Wir fühlen uns geborgen in der Gewohnheit und im Durchschaubaren, langweilen uns aber bald – und sehnen uns dann nach dem Ungewöhnlichen und dem nicht Durchschaubaren. Das ist ein großes Problem.

Ich denke, daß dir dieses Problem bewußt wurde, du es aber bisher nicht gewagt hast, dich damit wirklich zu befassen. Du hast dich bisher abgelenkt durch Freizeitaktivitäten, Geselligkeit, Spiel, Sport und Medienkonsum. Vielleicht dachtest du auch, es sei ›zu schwierig‹, sich damit zu befassen, vielleicht auch nicht notwendig. Du hast die Gedanken daran verscheucht, sozusagen als überspannte Spinnerei. Vielleicht hat dich der Widerspruch auch verwirrt, und du bist zur Tagesordnung übergegangen, zu der Planung des Abends, zu der Terminierung des nächsten Tages, der kommenden Wochen und Monate. Die Hauptsache, die Planung funktioniert; darin ist bereits sehr viel Aktivität enthalten. Soll man sich darüber hinaus weitere Gedanken über Langeweile, Innovation und Kreativität, Abenteuer und Liebe machen? Die Hauptsache ist doch, daß du nicht im Kerker des Dogenpalastes sitzt. Ist das wirklich die Hauptsache? Es ist wohl doch unangenehm, sich über die Gefangenschaften, Fallen und Unfreiheiten Gedanken zu machen, die zum ganz normalen Alltag gehören, oder?

Es geht uns doch eigentlich gut, wenn wir einen Arbeitsplatz haben und unseren Lebensunterhalt verdienen, in einer Partnerschaft leben und einmal oder zweimal im Jahr in ferne Länder verreisen. Es geschieht sehr viel, jeden Tag, jede Woche; wir kämpfen, siegen und verlieren. Wir haben alles, ›was man so braucht‹ – soll man sich noch Gedanken machen über Liebe und Freiheit? Der Begriff ›Liebe‹ allein ist schon sehr ›schwierig‹ – und dann auch noch ›Freiheit‹... und das in Beziehung zueinander gesetzt – da schaue ich mir lieber einen TV-Film über Abenteuer und Liebe an, als mir weitere Gedanken darüber zu machen.

Ein erfolgreicher Anwalt sagte einmal zu mir: »Soll ich mir über das alles Gedanken machen? Bin ich ein Philosoph? Soll ich ins Grübeln verfallen? Ich sehe täglich, daß sich die Menschen nicht verstehen; sie streiten um dieses und jenes. Ich halte mich an die vorhandenen Gesetze; auch sie entwickeln sich weiter. Aber soll ich die Zukunft der Rechtsprechung vorwegnehmen? Ein Großteil meiner Mandanten stehen in Scheidungsverfahren. Ich bin kein Philosoph und Psychologe. Es geht mir einzig und allein um den Interessenausgleich. Liebe, was ist das? Das kommt bei Scheidungen nicht mehr vor. Liebe ist eine Spinnerei, die sich offenbar in der Praxis nicht realisieren läßt. Was sich angeblich in Liebe verbunden hat, soll ich auflösen und auseinanderdefinieren, weil die Liebe nicht gehalten hat, was sie versprach. Freiheit? Ich kenne keine Freiheit. Ich schließe Verträge und wache darüber, inwieweit sie eingehalten werden oder nicht. Ein Vertrag ist eine Verpflichtung. Wenn einer aussteigen will und sich auf irgendwelche philosophische Freiheit bezieht, dann kann ich nur lachen. Entweder du machst einen Vertrag, dann hast du dich daran zu halten, oder du willst Freiheit, dann aber, bitte, mache keinen Vertrag. Ich habe nur mit den Leuten zu tun, die Verträge machen und sie nicht mehr einhalten wollen.«

Ein Jurist denkt beruflich so. Davon unabhängig aber ist

er ein individueller Mensch. In meiner Praxis saßen Juristen mit ihren persönlichen Partnerschaftsproblemen vor mir und weinten, weil sie nicht mehr ein noch aus wußten. Liebe ist etwas, das wir intensiv fühlen. Freiheit ist das, was wir im Grunde wollen. Aber wir bekommen es nicht in Einklang, weder mit Verträgen noch mit guten Vorsätzen, noch in Gesprächen mit unseren Freunden und Personen, die wir als Autoritäten schätzen.

Wie sind Liebe und Freiheit möglich? Wie hängt das miteinander zusammen? Oder hat das eine mit dem anderen nichts zu tun? Gibt es eine Lösung in diesem Dilemma? Gibt es Sicherheit und Abenteuer zugleich? Gibt es eine abenteuerliche Sicherheit und ein abgesichertes oder gar sicheres Abenteuer? Ist Liebe sicher zu machen, abzusichern durch Verträge, und ist es möglich, der Langeweile dabei zu entkommen? Und gibt es die Spannung der Unsicherheit und des Abenteuers in der Liebe mit einer Gewähr, was daraufhin erfolgt? Gibt es Eroberung, von der ich schon im voraus weiß, daß ich erobern werde und als Sieger daraus hervorgehe? Und gibt es Verführung, von der ich schon im voraus weiß, daß ich verführen werde und bekomme, was ich will. Wenn ich es definitiv weiß, dann ist Eroberung keine Eroberung und Verführung keine Verführung. Sicherheit ist ein Wert, der rationale Bedeutung hat, aber emotional nichts taugt. Sicherheit ist etwas für Gehirnakrobaten, aber nichts für beseelte lebendige Lebewesen.

Ich hoffe, ich habe den Verständnisprozeß nun so weit vorangetrieben, daß die Erkenntnis langsam Konturen annehmen sollte: Wir müssen das Sicherheitsstreben über Bord werfen, um die Langeweile zu verlassen, und das Leben selbst zu uns sprechen lassen. Das war jetzt sehr abstrakt formuliert. Mit anderen Worten: Die Freiheit siegt über das Reglement, die Liebe siegt über die Sicherheit. Noch zu abstrakt? Wir lieben aus Freiheit heraus und wollen frei bleiben. Ich spüre, du hast es noch nicht verstanden.

Und ich gebe zu, ich habe mich noch nicht verständlich genug ausgedrückt. Wir werden noch einmal einen anderen Anlauf wählen, um Freiheit und Liebe in ihrem Zusammenhang zu verstehen.

32.
Macht Liebe
frei?

Nur was wir wirklich erlebt haben, besitzt eine reale Basis für uns. Nur wer Liebe erlebt hat, weiß, welche Gefühle für einen anderen Menschen sich dann in der Seele ausbreiten. Liebe kann man sich nicht ausdenken, sie ist kein intellektuelles Spiel; es muß erlebt werden, wie Liebe und Freiheit zusammenhängen. Du mußt gefühlt haben, wie Nähe und Distanz zueinander in Beziehung stehen. Das richtige Maß zu finden zwischen Nähe und Distanz, das ist wichtig. Zuviel Nähe schadet der Liebe genauso wie zuviel Distanz. Wer liebt, hat das Bedürfnis, zärtlich zu sein und zu kuscheln. Stelle dir vor, du kuschelst vierundzwanzig Stunden ohne Unterbrechung. Sattheit tritt ein, die Distanz erfordert. Es handelt sich um natürliche Phasen, Geborgenheit, Nähe, Zärtlichkeit – und dann die Loslösung, die Distanz, um sich durch Abstand wieder nach der Phase der Nähe zu sehnen. Dieser freiheitliche Rhythmus geschieht automatisch aufgrund unserer inneren Bedürfnisse.

Schwieriger wird es aufgrund unserer Einstellung. Indem wir eine Paarbeziehung Regeln unterwerfen, die aus dem Denken kommen, wollen wir den geliebten Menschen für uns besitzen, wir wollen, daß er uns gehört und wir ihm gehören. Wir sind bereit, unsere Freiheit einzuschränken, und verlangen das vom anderen auch.

175

Liebe entsteht durch eine freiheitliche Begegnung zweier Individuen, aber sie mündet in eine gegenseitige Freiheitsberaubung, die schließlich in der Ehe endet. Dort bestehen dann Pflichten, Verhaltensnormen, geschriebene und ungeschriebene Gesetze, die Anpassung fordern. Mit dem Ende der Freiheit zieht sich zunächst auch schnell die Liebe zurück, denn sie kann nur in Freiheit gedeihen. Du kannst niemand zur Liebe zwingen. Du darfst Zärtlichkeit und Sexualität nicht fordern. Wenn du es tust – und viele machen das in Beziehungen –, dann erreichst du das Gegenteil. Je mehr der andere spürt, daß Liebe von ihm verlangt wird, um so schwerer fällt es ihm, sie zu geben. Liebe ist etwas, das wir aus eigenem inneren Impuls geben wollen, wenn wir emotional dafür bereit sind; wir wollen das nicht, wenn ein anderer es verlangt. Schon der leiseste Verdacht einer Verpflichtung ist gefährlich, da dann in uns eine Blockade entstehen kann. Wir hatten vor, uns in Liebe anzunähern; nun spüren wir die Forderung, und sofort ist uns nicht mehr danach. Wir fühlen uns in der Falle und dadurch unbehaglich. Die möglicherweise drängender werdende Forderung des anderen bringt uns in Panik: Wir reagieren gereizt, aggressiv, müde oder depressiv. Liebe ist ein scheues Wild. Sie braucht den Sauerstoff der Freiheit, um ihre Flamme zu nähren, sie braucht die Basis der Freiheit, um sich entfalten zu können.

Jetzt wird auch deutlich, daß Liebe etwas anderes als Freiheit ist. Liebe und Freiheit hängen zwar eng zusammen, sie benötigen einander, aber Liebe ist nicht Freiheit. Wer liebt, ist dadurch nicht zwangsläufig frei. Im Gegenteil, er begibt sich in allerhöchste Gefahr, seine Freiheit einzubüßen.

Wenn wir uns verlieben, sind wir glücklich, weil das unserem Leben einen tiefen Sinn gibt . Wir fühlen uns auf ›rosaroten Wolken‹ und möchten am liebsten die ganze Welt umarmen, weil wir beglückt sind, jemanden zu lieben und geliebt zu werden. Wir sind für jemanden wichtig, und dieser bisher Fremde rückt ins Zentrum unseres Interesses. Immer dann, wenn wir uns etwas mit liebender Anteilnahme und voller Aufmerksamkeit zuwenden, macht uns das innerlich ausgeglichen. Es macht Sinn, dafür zu leben, sich darauf in Freude vorzubereiten.

Dadurch werden wir aber nicht frei. Wir sind abgelenkt und vergessen zeitweilig uns selbst. Liebe ist also kein Trick, um frei zu werden. Wir müssen bereits frei sein, um der Liebe gegenüber offen sein zu können. Diese Freiheit war schon in uns, bevor wir uns verliebt haben.

Deshalb muß man innere Freiheit bereits besitzen, damit ein anderer Mensch auf den fruchtbaren Boden in unserer Seele fallen kann. Wer beispielsweise noch an einem anderen Menschen hängt und sich in der Phase des Liebeskummers befindet, der ist nicht bereit; er ist nicht aufgeschlossen, läßt sich vielleicht auf eine Begegnung und ein sexuelles Erlebnis ein, um zu vergessen. Da er noch nicht frei ist, kann sich die Liebe nicht entfalten. Wir müssen Probleme und Konflikte erst hinter uns gebracht haben, damit wieder Freiheit und Aufgeschlossenheit besteht. Das Sexerlebnis ist kein Trick, um dadurch die Seele frei zu machen.

Auch berufliche Probleme können uns so in Anspruch nehmen, daß wir seelisch nicht frei sind, um Liebe erleben zu können. Wer ums wirtschaftliche Überleben kämpft, der hat keinen Sinn für eine Liebesbeziehung, denn er will erst einmal seine Schwierigkeiten bewältigen, bevor er wieder offen ist. Seelisch-geistige Freiheit ist deshalb für die Liebe eine Voraussetzung. Ich sage immer wieder: Die Probleme, die wir im Kopf haben, sind Gegenwartsfresser, denn sie rauben uns die Fähigkeit, offen für Erlebnisse zu sein.

Deshalb ist Freiheit der elementarste Wert. Liebe braucht Freiheit, aber sie ist nicht Freiheit und bewirkt sie auch nicht. Wir sollten uns Freiheit schaffen, bevor wir uns um die Liebe kümmern. Zuerst sollte die Freiheit erreicht sein; erst auf diesem bereiteten fruchtbaren Boden kann die Liebe erblühen. Erwarten wir also von der Liebe keine Freiheit. Im Gegenteil, wenn wir lieben, brauchen wir sehr viel Freiheit, um damit umgehen zu können. Wir sollten bereits authentische, eigenständige Individuen sein. Wenn wir das noch nicht sind, werden wir uns anklammern und vom Partner eine Reifehilfe für uns erwarten. Wenn wir uns noch nicht selbst gefunden haben, dann erwarten wir, daß er uns dabei helfen soll. Das wird er nicht können, zumal dann nicht, wenn er sich auch noch nicht gefunden hat und dasselbe durch die Partnerschaft erwartet. Wenn der Sauerstoff Freiheit fehlt, wird die Flamme erlöschen.

33.
Wie mache ich
mich frei?

M it einem jungen Mann (den ich hier Tom nenne), der
wegen Liebeskummer zu mir in die Praxis kam, führte ich das folgende Gespräch.

»Du betonst immer wieder die Freiheit. Du sagst, daß die
Basis für die Liebe und ein glückliches Leben Freiheit sei.
Ich glaube, ich habe verstanden, was Freiheit ist, aber trotzdem kann ich das im Alltag nicht umsetzen. Meine Freundin hat mich nach zwei Jahren verlassen, weil sie einen ande-
ren Mann kennengelernt hat. Wie soll ich damit umgehen?
Ich weiß, daß sie ein freies Individuum ist und nicht mein
Besitz, aber es tut seelisch sehr weh, wenn sie jetzt eigene
Wege geht. Es zerreißt mir fast das Herz, wenn ich mir vor-
stelle, wie sie mit dem anderen ihre Zeit verbringt, sich für
ihn interessiert und mit ihm ins Bett geht. Sie nimmt sich
diese Freiheit, und ich stehe da und habe das Nachsehen.
Wie soll ich mich verhalten?« Tom machte ein bedrücktes
Gesicht. Und er war den Tränen nahe.
»Du sagst sehr richtig: Sie nimmt sich einfach diese Frei-
heit. So wirst du mit ihrer Freiheit konfrontiert. Es tut dir
weh, daß du sie nicht festhalten kannst. Du kannst in der
Liebe niemanden halten, denn Liebe ist ein psychisches
Phänomen, das eigene Wege geht und eigenen Gesetzmä-
ßigkeiten folgt. Du kannst dir Gedanken darüber machen,

wie du sie erpressen könntest, damit sie zu dir zurückkommt, etwa durch Geschenke, etwa durch Drohungen.
Du kennst das alles, das Drama der Erpressungsversuche:
Ich werde mich umbringen, wenn du nicht zurückkommst.
Oder gar: Ich werde dich umbringen, ich werde mich
rächen. Oder Versprechungen: Du bekommst ein eigenes
Auto und brauchst nicht mehr zu arbeiten, wir fangen ganz
von vorne an. Ich werde die Dinge, die dich gestört haben
an mir, in Zukunft ändern. – Du kannst nicht neu von vorne anfangen. Alles ist nur einmal neu, beim Eintritt in die
Liebe und in die Beziehung. Das kann nie wieder so neu
anfangen, denn es ist gelebte Vergangenheit und hat seine
Spuren hinterlassen.«

»Was habe ich dann für eine Chance?« fragte Tom.

»Du hast nur eine Chance: ihre Entscheidung und ihren
Weg zu akzeptieren. Auf diese Weise läßt du sie los. Die Vergangenheit ist vorbei; sie ist getrocknetes Stroh. Du kannst
Stroh nicht wieder grün werden lassen. Du versuchst sie mit
allen Mitteln umzustimmen. Wie soll das funktionieren?
Willst du, daß sie durch Erpressung, also durch Angst, zu
dir zurückkommt? Angst und Liebe sind Gegensätze. Stelle
dir vor, sie käme aus Angst zurück. Was hättest du davon?
Sie würde dich gerade deswegen nicht lieben können. Du
willst ja nicht nur eine Hülle, eine Fassade, sondern ihre
Liebe, also ihre Seele. – Wir müssen viel mehr von der Seele
wissen. Die Seele ist frei, sie will und sucht die Freiheit.
Ihren Verstand kannst du erpressen, die Seele aber nicht.
Deshalb solltest du sie loslassen. Ihre Freiheit zu akzeptieren heißt, auch deine Freiheit zu gewinnen.«

Tom sagte: »Unter ihrer Freiheit leide ich. Wie befreie ich
mich von diesem Schmerz?«

»Werde selbst frei, denn darin besteht deine Aufgabe als
Person. Werde eigenständig, authentisch und individuell,
vertraue dir selbst und frage niemanden nach seiner Meinung. Gehe deiner eigenen Nase nach. Wenn du zu deinen

Gefühlen stehst, dann brauchst du niemanden mehr fragen.«

»Ich habe Liebeskummer, das sind jetzt meine Gefühle. Ich frage, weil ich nicht weiß, wie ich damit umgehen soll. Ich bin unfrei. Wie komme ich frei?«

»Es ist völlig verständlich, daß du Liebeskummer hast. Du brauchst ihn nicht verdrängen. Gehe in diesen Kummer voll hinein, laß die Szenarien deiner Reaktionen und ihrer Reaktionen vor deinem inneren Auge ablaufen. Du lernst dich dabei intensiv kennen. Es ist völlig in Ordnung, daß du vor dem Einschlafen solche Bilder ablaufen läßt, daß du ›Drehbücher‹ verfaßt, wie es wäre, wenn du das sagen würdest und sie so oder so darauf reagieren würde. Entscheidend ist dabei, daß du nicht aus den Augen verlierst, daß sie frei ist und du es auch bist. Ihr seid euch begegnet; das ist alles. Es war wunderschön, und du willst die schönen Stunden konservieren, daß heißt, du willst sie wiederholen. Eine Maschine wiederholt, aber eine menschliche Seele ist etwas anderes. Wir haben nirgendwo gelernt, auf keiner Schule, von keinem Buch und von keinem Kunstwerk, was unsere Seele wirklich bedeutet. Du hast deinen Verstand trainiert, aber das reicht nicht. Die Seele ist immer mit dabei. Deine Ratio hat keinen Einfluß auf das seelische Erleben. Wir müssen neben der Ratio auch die Psyche in die Gesamtkonzeption mit einbeziehen, denn sie gehört genauso zu uns.

Dein Verstand sagt dir, daß du sie haben willst, weil du die schönen Stunden wiederholen willst. Freiheit bedeutet aber, nichts zu besitzen und nichts zu wiederholen. Damit bricht dein Welt- und Menschenbild in sich zusammen. Was dir jetzt bewußt wird, ist eine ungeheure, eine gewaltige Energie. Damit wirst du jetzt konfrontiert. – Sie ist frei, und du bist frei. Ihr seid euch begegnet; das war alles. Ihr habt euch geliebt; das ist wunderschön. Aber du kannst nichts festhalten. Festhalten wäre Konstanz, aber Lebendigkeit hat weder mit Besitz noch mit Konstanz zu tun. Das Gesetz des Lebens ist die Flexibilität. Du bist frei, und sie ist frei; deine Lebendigkeit ist auch ihre Lebendigkeit. Wie wirst du also frei? Indem du das, was gesagt wurde, wirklich verstehst. Freue dich dieser Freiheit, die sich dann vor dir öffnet. Du gehst deiner eigenen Wege. Das ist ein Abenteuer. In keiner Sekunde weiß man, was in der nächsten geschehen wird. Wir lieben das Prickeln dieser Freiheit, wenn wir uns verlieben. Aber wir wenden uns davon ab, wenn es nicht mehr nach unseren Vorstellungen und Wünschen geht. Das Leben ist keine Wunschvorstellung, sondern reale Konkretisierung. Das klingt hart. Doch es gibt keine Basis für Wünsche und Hoffnungen. Du brauchst aber nicht völlig wunschlos und hoffnungslos leben. Es geht darum, das alles zu verstehen. Und um das zu können, mußt du die Freiheit verstehen, deine, ihre und die aller anderen.

Gehe deinen eigenen Weg, und erkenne diese Freiheit. Dein eigener Weg ist Freiheit, ist losgelöst von allen Normen und Regeln, von allen, wirklich absolut allen. Indem du dich von allem freimachst, loslöst, wirst du frei. Dann wirst du auch nichts wiederholen wollen, denn es ist in Freiheit nichts wiederholbar. Dann wird alles neu, von Augenblick zu Augenblick. Das macht dich glücklich, nicht die Wiederholung einer vergangenen Schönheit. Erkenne: Das Schöne wollen wir wiederhaben und das Häßliche vermeiden; das ist absurd, denn das kann nicht gelingen. Das Schöne geschieht vor dem Hintergrund des Nichtschönen, es hebt sich davon ab. Es kann nicht wiederholt werden, da es zurücksinkt in das Nichtschöne. Freiheit heißt, sogar das Nichtschöne zu lieben und das daraus Herausragende als ein Geschenk zu genießen. Die Regel ist Kampf und Intrige, Traurigkeit, Langeweile und Melancholie. Frei sein heißt nicht, in ständigen Hochgefühlen zu leben. Die ›Highlights‹ sind die Spitzen, und dazu gehört die Liebe zu einer Frau. Du kannst dich nicht an diesen Spitzen orientieren, als wäre das Leben nicht lebenswert im Tal der Melancholie. Freiheit heißt, melancholisch sein, Trauer zu durchleben und dabei Liebe zu empfinden für alles, was geschieht. Dann erst wirst du offen. Du wehrst nichts ab und begehrst auch nichts. Das ist das Geheimnis der Freiheit. Dann gehst du deine eigenen Wege. Dort ist der Anfang, der in die Freiheit führt. Deshalb birgt dein Liebeskummer die Chance, wach zu werden.«

Epilog

Schicke uns einen Adler

Eine Bekannte übergab mir vor kurzem einen Text, bei dem es sich um eine alte ukrainische Botschaft handelt, eine Spruchweisheit des Volkes. Der Autor ist nicht namentlich überliefert.

»Gott schicke den Tyrannen Läuse, den Einsamen Hunde, den Kindern Schmetterlinge, den Frauen Nerze, den Männern Wildschweine, uns allen aber einen Adler, der uns auf seinen Fittichen zu ihm trägt.«

Diese Spruchweisheit gefällt mir. »Schicke den Tyrannen Läuse«, denn sie sollen sich kratzen und mit ihren eigenen Problemen so beschäftigt sein, daß sie davon abgelenkt werden, andere zu unterdrücken. Gemeint sind nicht nur die Herrscher über Länder und Völker, sondern auch die kleineren Tyrannen in Büros und Familien. Tyrannen wollen Macht ausüben, also Menschen in ihrem Umfeld manipulieren. So werden sie zum Unglück für andere; deshalb sollen sie mit Läusen beschäftigt sein, von denen sie tyrannisiert werden. Diese kleinen Biester können große Erfolge erzielen, wenn sie Autoritäten und Diktatoren befallen. Leider ist es den Läusen egal, auf welchem Körper sie nisten; deshalb trifft man sie auch bei Armen und Schwachen. Nun ja, aus diesem Grund wird in dem Spruch ja auch eine höhere Macht angerufen, Gott, Schöpfer, Schicksal, Tao oder die Weltweisheit. Es wäre jedenfalls sehr weise, wenn die Tyrannen von Läusen befallen würden. Das ist der augenzwinkernde Humor des Märchens. Menschen lieben Märchen, weil sie Symbole lieben, eine verschlüsselte Sprache, die etwas aussagt mit dem Spielraum der Phantasie.

»Schicke den Einsamen Hunde«, weil sie gesellige Wesen sind und sich voller Aufmerksamkeit auf den Menschen einstellen können. Hunde sind wunderbare Gefährten, denn durch ihre Anwesenheit stellen sie eine lebendige Verbindung zur Lebendigkeit dar.

»Schicke den Kindern Schmetterlinge«, diese zauberhaftesten Lebewesen auf dieser Erde, da sie klein sind, voller Zartheit und Schönheit. Ein Schmetterling ist farbig, er setzt sich auf eine Blüte, fliegt dann auf und läßt sich vom Wind mit ausgebreiteten Flügeln davontragen. Diese Zartheit und Schönheit ist ein unglaubliches Wunder der Natur, das Kindern gefällt, sie staunen läßt, ihnen etwas vom Geheimnis des Lebens zeigt, das mit Aufmerksamkeit erfaßt werden kann. Der Schmetterling bringt Poesie in die Natur. Er ist ein Lebewesen, das nicht verstanden werden kann, zwar wissenschaftlich erfaßt und beschrieben wird, sich aber an unseren Sinn für Ästhetik richtet. Wir können nur schauen und staunen, daß es das gibt. Schmetterlinge sind so unglaublich, daß sie nur von den kreativsten Künstlern erfunden werden könnten. Sie brauchen aber nicht mehr erfunden zu werden, denn sie sind ja real vorhanden. Wenn ich ein Kinderbuch schreiben würde, dann über Schmetterlinge oder Frösche.

Die Entstehung der Frösche ist ein Naturphänomen, das ich als Kind beobachtete. Mein Vater zeigte mir am Teich den Froschlaich, diese glasartigen Klumpen im Schilf, aus denen die kleinen schwarzen Kaulquappen herauskamen und im Wasser herumschwänzelten. Diese schwarzen quirligen ›Fischchen‹ entwickeln vier Beinchen und kommen als winzige Frösche an Land oder setzen sich auf Seerosenblätter, um zu atmen und sich von der Sonne bescheinen zu lassen. Das Wassertier wird zu einem Landtier. Wenn ich Schöpfer wäre, würde ich noch eines draufsetzen und den kleinen Fröschen Flügel wachsen lassen, damit sie auch noch in den Bäumen und Sträuchern schaukeln könnten.

»Schicke den Frauen Nerze.« Ein Tierschützer wird das gar nicht gut finden. Aber die Frauen in der Ukraine liebten Nerze, um sich vor der Kälte zu schützen. Die Zartheit ihres Felles ist unübertroffen. Daß sie dafür sterben müssen, um das Gesicht einer Frau zu umschmeicheln, ist grausam und unvertretbar. In der Natur ist das eben so, aber der Mensch sollte es besser wissen, er sollte lieber synthetischen Pelz überwerfen und keine Nerze töten. In den Zeiten, als dieser Spruch entstand – das sei entschuldigend erwähnt –, gab es noch keine chemische Industrie, die Kunstfasern entwickelte und die Flüsse verschmutzte. Auch das hat also seinen Preis.

»Schicke den Männern Wildschweine.« Das klingt nun wirklich sehr brutal, denn Männer töten Wildschweine, um sie am Spieß zu braten und mit mehr oder weniger guten Tischmanieren zu verzehren. Während die Frauen sich in Nerzen schmücken, kümmern sich die Männer um Wildschweine. Aber, sind Frauen nur Vegetarierinnen? Natürlich nicht. Sie haben den Nerz und das Wildschwein. Noch ist es der chemischen Industrie nicht gelungen, wildschweinähnliches Fleisch auf den Tisch zu bringen. Wie wären dann die Flüsse verschmutzt und die Luft verpestet? Dann sollten wir wirklich bei den Wildschweinen bleiben, die aus dem Wald kommen und nicht aus einer kybernetisch gesteuerten Chemie- und Synthetikproduktion. Der Tod des Wildschweins ist Nahrung für das Leben anderer. Auch der Schmetterling wird von wunderschönen Vögeln gejagt und verspeist. Aber lassen wir das jetzt.

»Schicke uns allen aber einen Adler« – also den Tyrannen,

den Einsamen, den Kindern, den Frauen und den Männern –, »der uns auf seinen Fittichen zu ihm trägt.« Zu wem? Zu Gott, einer höheren Macht, zum Schöpfer, Schicksal, Tao oder zu der Weltweisheit. Schicke uns einen Adler. Warum gerade einen Adler? Warum keinen Löwen, den König der Tiere? Warum keinen Panther oder Delphin? Warum keinen Wal oder Kolibri? Warum keinen Schmetterling oder ein Pferd? Der Adler symbolisiert das freieste Tier, ist der König der Lüfte. Er setzt sich auf einen Stein im reißenden Fluß und beobachtet die Fische im fließenden Wasser, er fliegt auf und streift über den Wiesenhang, er steigt hoch und setzt sich in das Geäst einer Tanne. Warum schenkt man den Einsamen Hunde und keine Adler? Hunde sind gesellig, Adler sind das nicht. Adler erscheinen uns besonders frei, weil sie sich an Land bewegen und dann wieder in die Lüfte aufsteigen. Der Schmetterling, der das zwar auch kann, ist in seiner Zartheit und Kleinheit ein Symbol für Kinder, der Adler dagegen für Erwachsene.

»Schicke mir einen Adler, der mich auf seinen Fittichen trägt.« Er ist das Symbol der Stärke und Freiheit, der Würde, der Erhabenheit und der Souveränität. Nur ein Adler kann mich zu Gott tragen, kein Schmetterling. Ich könnte auch auf einem Löwen zu Gott reiten, das wäre aber irgendwie, trotz aller Theatralik, etwas lächerlich.

Diese Symbolik sagt sehr viel aus über unsere menschliche Seele und unseren Geist. »Schicke mir einen Adler« – das ist wirklich das Allergrößte und Bedeutungsvollste, das du für mich tun kannst. Schicke keinen Löwen, keinen Frosch und keinen Elefanten, wirklich frei scheint nur der Adler. Er ist erhaben in seiner Freiheit, er fliegt auf und läßt sich vom Abendwind davontragen, schwingt sich höher und höher und hat seine Behausung im unzugänglichen Fels. Er ist unantastbar. Auf den Schwingen des Adlers können wir zu Gott, Tao oder der Weisheit kommen.

Ein Adler! Dieses Geschenk würde dich sofort hellwach

machen, du müßtest dich schlagartig damit befassen. Einen Adler zu schenken bedeutet, dich aufzuwecken. Du wirst mit etwas Elementarem und Wildem konfrontiert. Deshalb bleiben Läuse für Tyrannen, Hunde für Einsame, Schmetterlinge für Kinder, Nerze für Frauen, Wildschweine für Männer. Ein Schmetterling kann dich zwar erleuchten, aber ein Adler macht dich wach. Erleuchtung ist schön und voller Liebe. Die Erschütterung konfrontiert dich mit elementarer Freiheit. So erfährt die Liebe eine Steigerung, für die es in unserer Sprache keinen Namen gibt.

Anhang

Gedankenaustausch

D urch Leserbriefe, die ich täglich erhalte, weiß ich, wie viele einen Gedankenaustausch mit Gleichgesinnten in ihrer Umwelt vermissen. So kam ich auf die Idee, einen ›Briefclub‹ für Interessierte zu gründen. Deshalb habe ich eine Adreßkarte für die Leserinnen und Leser dieses Buches entwickelt, die mit anderen Lesern gerne in einen Gedankenaustausch treten wollen.

Daß ein Bedürfnis danach besteht, ist aus den vielen Leserbriefen zu ersehen, die ich täglich erhalte. Ich war sehr überrascht, wie viele Leser malen, Gedichte schreiben und eigene kreative Gedanken entwickeln. Sie leiden oft darunter, daß sie selten Gesprächspartner im Alltag finden, weil viele eine Scheu davor haben, sich zu offenbaren. Es gibt viele Menschen, die sich in dieser normierten Anpassungsgesellschaft ein eigenständiges Seelenleben bewahrt haben und weiter bewahren wollen. Darüber in Kommunikation zu treten und sich auszudrücken, das sollte auf jeden Fall gefördert werden, und zwar auch durch dieses Experiment.

Die Adressen werden von meinem Sekretariat gespeichert und jedem Interessenten zur Kontaktaufnahme zugesandt. Der Empfang der Adressen verpflichtet natürlich zu nichts. So können Sie Ihre Adresse selbstverständlich jederzeit wieder streichen lassen, sind auch nicht verpflichtet, alle Kontaktinteressenten anzuschreiben oder auf Briefe, die Sie erhalten, zu antworten.

Schneiden Sie die folgende Adreßkarte aus, und senden Sie sie mit einem einmaligen Beitrag für die Organisationskosten (50-DM-Schein oder Scheck im Brief) an das Sekretariat der Praxis P. Lauster, Usambarastraße 2, 50733 Köln.

Es wäre schön, wenn durch diese Aktion ein Netz geistiger Verbundenheit vieler Menschen entstehen könnte und wenn Sie uns über Ihre gemachten Erfahrungen gelegentlich etwas schreiben würden.

Vorname: _____ Name: _____

Straße: _____

PLZ: _____ Ort: _____

Alter: _____ Hobby: _____

Interessengebiete:

_____

_____

_____

_____

Ich bin damit einverstanden, daß meine Adreßkarte an Leser[innen] weitergegeben wird, die an einem Gedankenaustausch interessiert sind.

Datum: _____ Unterschrift: _____

Wenn Sie sich für andere engagieren wollen

Das vorliegende Buch thematisiert die authentische Autonomie des einzelnen in der Gesellschaft. Das hat nichts mit egozentrischer ›Nabelschau‹ zu tun, sondern meint die legitime Selbstfindung. Dadurch wird der Gesellschaft nichts an sozialkonstruktivem Potential entzogen. Wer sich mit sich selbst befaßt, seiner eigenen Entwicklung, Ausreifung und seiner Gesundung, schafft die Basis für eine mitfühlende Soziabilität. Ein psychisch gesundeter Mensch bewirkt gerade dadurch sehr viel Positives für die Gesamtgesellschaft. Emotional glücklich sein heißt nicht, sich selbst in einen stillen Winkel zurückzuziehen, sondern bedeutet ein Kräftesammeln, um auch für andere liebesfähig und mitfühlend etwas tun zu können.

Die folgenden Anschriften und Spendenkonten dienen als Vorschlag. Jeder, der sich hier engagieren will, wird mit offenen Armen empfangen. Diese Gruppen sind politisch und religiös unabhängig. Die Auswahl dieser gemeinnützigen Organisationen stellt keine Wertung dar. Es gibt darüber hinaus noch viele andere ähnliche Organisationen, die unterstützt werden sollten und sich über jedes Engagement freuen.

Greenpeace e. V.
Vorsetzen 53
20459 Hamburg
Greenpeace ist eine Vereinigung, die sich für unsere Umwelt einsetzt, unter anderem für das Klima, die Meere und den Regenwald.
Spendenkonto: Postgiroamt Hamburg
(BLZ 200 100 20), Kto.-Nr. 20 61-206.

Deutsche Krebshilfe e. V.
Thomas-Mann-Straße 40
53111 Bonn
Die Deutsche Krebshilfe (gegründet von Dr. Mildred Scheel) setzt sich nicht nur für die Forschung, sondern auch für die Krebsbehandlung ein.
Spendenkonto: Postgiroamt Köln
(BLZ 370 100 50), Kto.-Nr. 9090 90-501.

Deutsche Aids-Stiftung
Pipinstraße 7
50667 Köln
Die deutsche Aids-Stiftung hilft an Aids Erkrankten, die in finanzielle Not geraten, unterstützt die Forschung und verleiht einen Journalistenpreis für aufklärende Berichterstattung in den Medien.
Spendenkonto: Westdeutsche Landesbank
(BLZ 370 500 50), Kto.-Nr. 5 000.

Bund für Umwelt und Naturschutz Deutschland e. V.
Im Rheingarten 7
53225 Bonn,
Der BUND setzt sich für den Umweltschutz ein und gibt eine Zeitschrift für Ökologie und Umweltpolitik heraus (»Natur und Umwelt«).
Spendenkonto: Postgiroamt Köln
(BLZ 370 100 50), Kto.-Nr. 64 67-509.

Deutscher Verein der Blinden und Sehbehinderten in
Studium und Beruf e. V.
Frauenbergstraße 8
35039 Marburg
Eine der wichtigsten Aufgaben des Vereins ist es, Dienstleistungen für Blinde und Sehbehinderte bereitzustellen (zum Beispiel einen Vorlesedienst).
Spendenkonto: Commerzbank Marburg
(BLZ 533 400 24), Kto.-Nr. 3 922 945.

UNICEF Kinderhilfswerk der Vereinten Nationen
Deutsches Komitee für UNICEF
Steinfelder Gasse 9
50670 Köln
UNICEF hilft notleidenden Kindern in 119 Ländern der Erde.
Spendenkonto: Postgiroamt Köln
(BLZ 370 100 50), Kto.-Nr. 3000 00-503.

Resonanzbogen

Alle eingehenden Resonanzfragebogen werden vom Autor vertraulich behandelt und statistisch ausgewertet. Sie dienen der weiteren wissenschaftlichen Arbeit des Autors und geben Ihnen die Möglichkeit, Ihre Meinung zu sagen und Kritik zu üben.

1. Hat Sie die Lektüre dieses Buches angeregt, Ihre Selbsterkenntnis zu verbessern?

   ☐ ja   ☐ nein   ☐ teilweise   ☐ weiß nicht

2. Glauben Sie, daß Sie einige Erkenntnisse gewonnen haben, die Ihnen im Alltag helfen werden?

   ☐ ja   ☐ nein   ☐ teilweise   ☐ weiß nicht

3. Worüber hätten Sie gerne mehr gelesen?

   ☐ Angstprobleme
   ☐ Erziehungssituation
   ☐ Sexualität und Selbstbewußtsein
   ☐ Gesellschaftsstruktur
   ☐ Minderwertigkeitskomplexe
   ☐ Therapiemethoden

- ☐ Sinn des Lebens
- ☐ Befreiung der Liebesfähigkeit
- ☐ Entfaltung der Fähigkeiten
- ☐ Mut zur Selbstbehauptung
- ☐ Konfliktbewältigung
- ☐ Motive menschlichen Verhaltens

Eigene Vorschläge: _____

_____

_____

_____

_____

4. Glauben Sie, daß Sie in Zukunft authentischer sind?

   ☐ ja   ☐ nein   ☐ teilweise   ☐ weiß nicht

5. Hat Ihnen der Gedanke der Freiheit Angst gemacht?

   ☐ ja   ☐ nein

Warum? _____

_____

_____

_____

6. Hat Ihnen das Buch geholfen, Ihre persönlichen Probleme besser zu erkennen?

   ☐ ja   ☐ nein   ☐ teilweise   ☐ weiß nicht

7. Welches individuelle Problem oder welcher seelische Konflikt beschäftigt Sie besonders?

_____

_____

_____

_____

_____

Vorname: _____ Name: _____

PLZ: _____ Wohnort: _____

Straße: _____

Beruf: _____ Alter _____

Schneiden Sie den Fragebogen bitte aus, und senden Sie ihn an: Sekretariat der Praxis P. Lauster, Usambarastraße 2, 50733 Köln.

Peter Lauster

Menschenkenntnis

128 Seiten, gebunden, Schutzumschlag

Das Buch vermittelt in zwei Teilen einen Überblick über Verhalten und Reaktionsweisen des Menschen. Im ersten Teil wird mit vielen Abbildungen dargestellt, wie sich das Seelenleben nach außen hin zeigt, z. B. in der Mimik, Gestik, Stimme, Sprechweise, Handschrift und im Körperbau. Im zweiten Teil wird versucht, die innere Struktur des Seelischen anhand verschiedener Persönlichkeitsmodelle, die die Psychologie in den letzten achtzig Jahren entworfen hat, darzustellen.

Die Absicht des Buches liegt vor allem darin, dem Leser die Intentionen der Mitmenschen besser verständlich zu machen, denn Verständnis erzeugt ein Klima des leichteren Kontakts und verhindert aggressives Verhalten. Eine bessere Menschenkenntnis macht das Zusammenleben friedlicher, leichter und harmonischer. Mehr Wissen über menschliches Verhalten trägt dazu bei, tieferes Verständnis für seine Mitmenschen aufzubringen und auch das eigene Selbstverständnis zu vervollkommnen.

Es ist als einführendes Buch in die Menschenkenntnis ein Standardwerk.

ECON Verlag · Postfach 30 03 21 · 40403 Düsseldorf

Peter Lauster

Lassen Sie sich nichts gefallen
Die Kunst, sich durchzusetzen

288 Seiten, gebunden, Schutzumschlag

Peter Lauster sagt: »Wir müssen uns anders wehren, als wir das bisher praktizieren.« Auf seelische Konflikte und Probleme reagieren die meisten Menschen mit falschem Durchsetzungsverhalten: Sie verdrängen, entschuldigen, weichen aus oder lenken ab, sie betäuben sich mit Psychopharmaka oder werden aggressiv, sie ziehen sich in schützende Charaktermasken zurück oder retten sich in psychische Störungen.

Diese und ähnliche Arten, mit der Angst fertig zu werden, und sogenannte Abwehrmechanismen, sie führen nur zu vorübergehenden Scheinlösungen, denn niemand kann so seine Lebensprobleme auf die Dauer erfolgreich bewältigen. Im Gegenteil: Falsches Durchsetzungsverhalten führt zu neuen Lebenslügen und neuen Zwängen. Peter Lauster zeigt diese Problematik an vielen Beispielen auf. Mit seinem engagierten Buch will er verhindern, daß wir uns weiterhin in Lebenslügen verfangen. Er will dem Leser die Augen öffnen und ihm Mut machen, sich aktiv, erfolgreich und »bewußt« gegen die täglichen Zwänge, Normen, Konformismen und falschen Lebensregeln in Beruf und Alltag zu wehren.

ECON Verlag · Postfach 30 03 21 · 40403 Düsseldorf

Peter Lauster

Wege zur Gelassenheit
Die Kunst, souverän zu werden

208 Seiten, gebunden, Schutzumschlag

Der bekannte Psychologe und Sachbuchautor Peter Lauster
zeigt in seinem neuen Buch Wege zur inneren Gelassenheit
und Souveränität. Teile des Textes sind als Anregung zur
Meditation, Besinnung und Erkenntnis gedacht. Mit zahl-
reichen Fallbeispielen macht er seelische Verkrampfungen
deutlich und gibt Empfehlungen, wie ein Leben in Gelöstheit, Heiterkeit, Leichtigkeit und Harmonie verwirklicht
werden kann.

Aus dem Inhalt:

Gelassenheit entsteht durch Loslassen
Das Herz frei machen
Gelassenes Denken
Meditieren statt Grübeln
Selbstbewußtsein und Selbstsicherheit
Alle Ängste hinter sich lassen
Gelassenheit heißt, die anderen so lassen
zu können, wie sie sind
Aus Distanz wird Nähe reizvoll
Freiheit ist Loslösung vom Besitz
Aus meiner Praxis
Sternstunden der Lebensfreude

ECON Verlag · Postfach 30 03 21 · 40403 Düsseldorf

Die im ECON Verlag lieferbaren Bücher von Peter Lauster

Berufswahl. Interessenfindung und Information für Ausbildung, Studium und Berufswechsel. 168 Seiten.

Das Lauster Lebensbuch. Heilende Gedanken zur Selbstentfaltung und Befreiung. 248 Seiten.

Der Begabungstest. Talente selbst entdecken und entfalten. 142 Seiten.

Der Sinn des Lebens. 224 Seiten.

Die Liebe. Psychologie eines Phänomens. 240 Seiten.

Die sieben Irrtümer der Männer. 198 Seiten.

Geheimnisse der Liebe. 304 Seiten.

Intelligenz. Ein Test- und Trainingsprogramm. 144 Seiten.

Lassen Sie der Seele Flügel wachsen. Wege aus der Lebensangst. 304 Seiten.

Lassen Sie sich nichts gefallen. Die Kunst, sich durchzusetzen. 304 Seiten.

Lebenskunst. Wege zur inneren Freiheit. 320 Seiten.

Liebeskummer als Weg der Reifung. 144 Seiten.

Menschenkenntnis. 128 Seiten mit über 100 Abbildungen.

Selbstbewußtsein. Sensibel bleiben, selbstkritischer werden. 184 Seiten.

Selbstfindung. Meditationen zur Entspannung und Loslösung. 112 Seiten.

Stärkung des Ich. Die zweite Geburt der Selbstwerdung. 208 Seiten.

Statussymbole. Eine Demaskierung der menschlichen Eitelkeiten. 208 Seiten.

Wege zur Gelassenheit. Die Kunst, souverän zu werden. 208 Seiten.

Nur als Taschenbuch erhältlich: *Sensis.* Sich selbst und andere besser kennenlernen. Ein psychologisches Gesellschaftsspiel. 190 Seiten mit Spielkarten zum Ausschneiden.